遇见南京，这座城

YUJIAN NANJING, ZHE ZUO CHENG

藏羚羊旅行指南编辑部　编著

北京出版集团
北京出版社

图书在版编目（CIP）数据

南京，这座城 / 藏羚羊旅行指南编辑部编著 . — 北京 ： 北京出版社，2020. 4（2025. 1 重印）
（遇见）
ISBN 978-7-200-15216-6

Ⅰ. ① 南… Ⅱ. ①藏… Ⅲ. ①旅游指南 — 南京 Ⅳ. ① K928. 953. 1

中国版本图书馆 CIP 数据核字（2019）第 290447 号

遇见
南京，这座城
NANJING, ZHE ZUO CHENG

藏羚羊旅行指南编辑部　编著
*
北京出版集团
北京出版社　出版
（北京北三环中路 6 号）
邮政编码：100120
网　址：www.bph.com.cn
北京出版集团公司总发行
新华书店经销
北京华联印刷有限公司印刷
*
710 毫米 ×1000 毫米　16 开本　14 印张　268 千字
2020 年 4 月第 1 版　2025 年 1 月第 2 次印刷

ISBN 978-7-200-15216-6

定价：59. 80 元
如有印装质量问题，由本社负责调换
质量监督电话：010-58572393

前言

南京这座城市似乎难以一言而尽。这里有六朝的光辉，有大屠杀的国殇，有昔日都城的遗痕，还有十里绵延的梧桐树，那么你对南京的印象是从哪里开始的呢？

我对南京的第一印象来自于儿时。因为我有许多亲戚在南京，小时候多次去南京，便有了儿时印象中的南京。小时候对南京的印象首先是有山，就连借宿的南京亲戚家都有坡道要爬。小孩子总是喜欢坡道的，这和上海的平地是截然不同的。上坡路虽然累一点，却有向上攀登的乐趣。下坡路更是让人兴奋，因为你会不由自主地加快速度。小时候印象中的南京也是有湖的，可能因为上海的大湖太远了，在城市里有湖着实让孩子们很开心。第三个印象便是人流如织的中山陵、总统府、夫子庙。尤其是中山陵路程最长，我还拿回来一个纪念胸章，现在回想起来，特别有旅游的感觉。

这些便是我小时候对南京的印象。小时候是跟着大人们去，这些印象与其说是我自己对南京的解读，不如说是我的亲戚们的解读。后来因为工作原因又去过几次南京。先后地，1912 闹腾的酒吧、老门东休闲的阳光、巷子里精致的精品酒店、桃叶渡惬意的咖啡吧，一个接一个被我认识了。

在本书踩线时，我对南京有了一次全面的了解。原来栖霞山有古老的石窟，园林里有精巧的小桥流水，民国范儿的公馆里有高级的下午茶，小公园里有大大的长江大桥，简陋的老街里有新潮的咖啡店，历史悠久的美食街有了创新的美食楼……这又是一个新的南京。

对于南京，你不能用老眼光去打量，恰恰相反，这座古老的城市永远涌动着新的生命力。于是我们沿着这个线索网罗了它的精彩之处。从古老到新生，书中全面细致的概括是重新打开南京最好的方式。这些地方大都在市区内，不会让你舟车劳顿。它们之中有的你耳熟能详，有的可能闻所未闻。发达的交通会让你轻松到达，合理的规划能让你事半功倍。

在这本书中，一个从六朝荣耀、民国往事中走来的南京出现了，更有一个新兴的南京慢慢浮现。你可以在栖霞山欣赏古老的雕刻和红色的秋天；可以在长江岸边骑行几千米去寻找面江背山的广阔；可以在民国时空的街道上和梧桐的树影捉迷藏；你可以像跳岛游那样游走在各种书店、博物馆里；你可以在总统府、夫子庙、中山陵、明孝陵里留下倩影；你可以在漂亮的校园里假装文艺；你可以在高品质的咖啡馆里放松心情；你也可以在秦淮河边安静地眺望，看繁忙的人流、车流、船流消失在城市的天际线。

在本书中，你看到的是我小时候的南京，也是我长大后的南京，或许你还看到了未来的南京。它依旧是那片梧桐里的金陵，但编织的却是另一个“红楼梦”！

遇见

南京，

这座城

遇　　见
南京，
这座城

目录

Contents

CONTENTS

南京博物院　中山陵

从明朝到民国离不开一座山

玄武湖　明瓦廊美食街

湖光里的大学时光

高云岭　石头城遗址公园

一条颐和路，半部民国史

CONTENTS

南京师范大学　熙南里

江南书卷气

莫愁湖　南京科技馆

国殇之外的南京新风光

栖霞山　绣球公园

金陵好江山

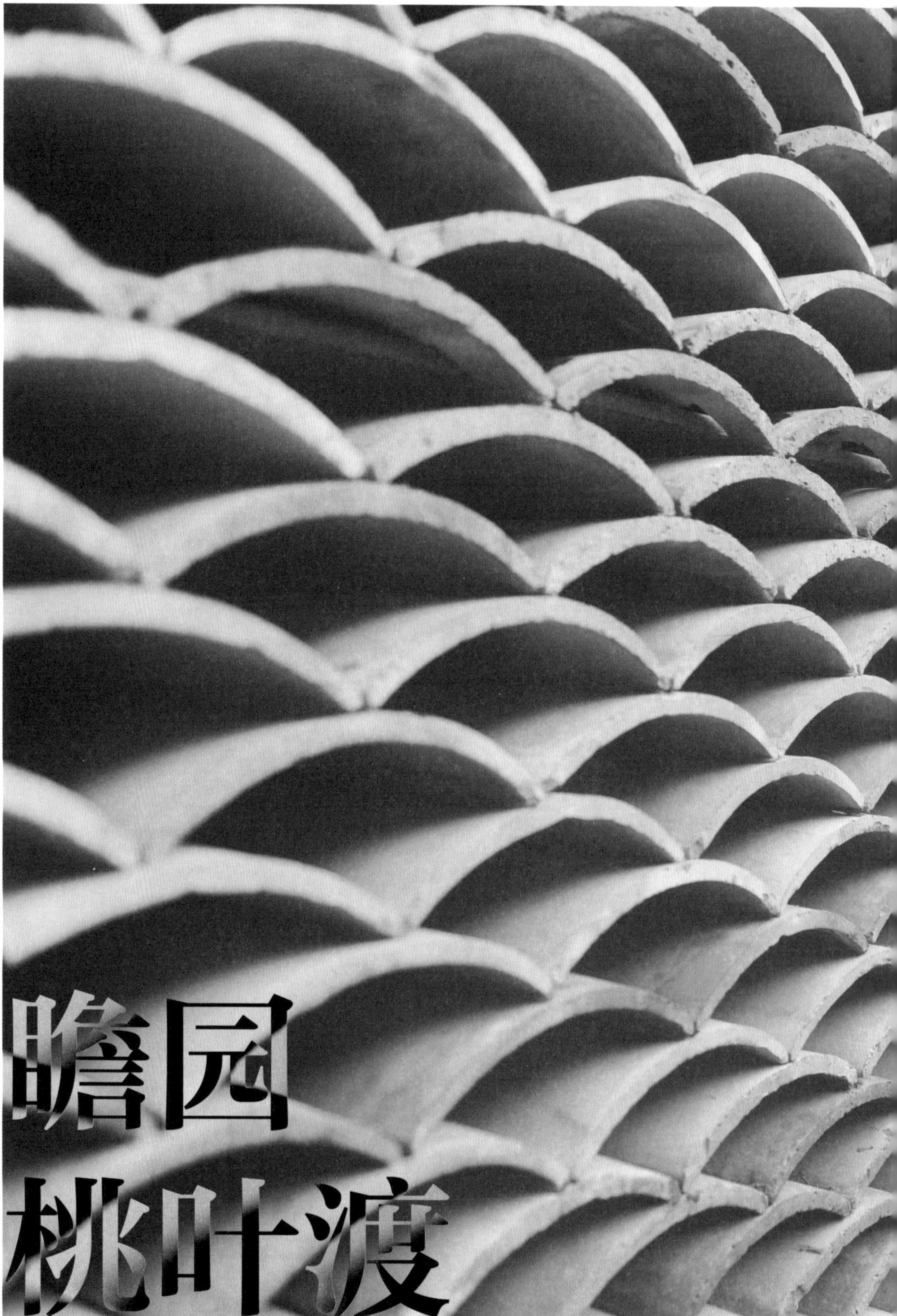
瞻园
桃叶渡

夫子庙和秦淮河是南京最具代表性的地方，它们组合而成的风光带自然成了南京旅游首推的地方。南京正是从这片繁华的河滨开始，成为中国历史上最重要的古都之一。而今漫游南京再从这里开始，又一次见证了金陵千年繁华的延续。

瞻园
大四福巷
莲湖糕团店
夫子庙
江南贡院
奇芳阁（贡院西街店）
瞻园路
乌衣巷
李香君故居
长乐路
来燕路

秦淮的情怀

在去夫子庙之前，有必要拜访一下瞻园。它和夫子庙是风格截然不同的建筑，但重要性并不比夫子庙低。这是金陵的第一园。深宅大院是旧时富贵人家生活的写照，江南园林的灵秀在曲径亭台间纤毫毕现，江宁布政和太平天国的故事于此处娓娓道来。只此一园，便是金陵上下几百年。

和江南园林相比，夫子庙是个更加丰富与复杂的概念。孔庙的牌坊早已在秦淮岸边屹立了千百年，贡院也在这里传承着耕读取士的中华传统。商女犹唱后庭花的秦淮繁华依旧。新老建筑交替的夫子庙和贡院更像是一座博物馆，纪念着消逝的科举文化。不过秦淮沿岸密密麻麻的商铺和进进出出的画舫倒是证明了这座古老城市繁华依旧。

如织的人流涌入夫子庙秦淮河风光带，他们都想要尝尝热闹街市里的传统美食。奇芳阁里的鸭油酥烧饼、莲湖糕团店的小元宵可能是很多人对秦淮最深的印象。或者走进乌衣巷、李香君故居这样小巧的景点。河边的老宅子里的传奇故事又一次走近人们。这要比课本上的历史生动得多，能让人真正意识到南京历史的悠久。

旅程的最后投入秦淮河的怀抱。游船一艘艘从夫子庙出发，飘过古时繁忙的桃叶渡。渡口今天犹在，只少了秦淮吟唱。画舫眼前游走，桃叶渡却已经成了休闲之地。柳叶飘荡的怀旧茶坊，沿河铺满露天座的酒吧餐厅，大青树下安静的咖啡吧……这里人流渐少，没有了嘈杂，只留下安静的秦淮和画舫。

瞻园

曲径通幽江南秀

南京园林虽比不上苏州园林，但也别具一格，另有一番风情。瞻园就是南京最值得一逛的园林。

瞻园早在 600 多年前的明洪武年间便已经初登历史舞台。后来朱元璋把它赐给了徐达做府邸。此后瞻园几易其主，清朝时做过江宁布政使司署，太平天国时期做过东王杨秀清府，民国时又成了中统的杂院。经过多次的修建、维护，今天的瞻园已经是南京的第一园林。在大门口就能看见豪气的“金陵第一园”匾额。

瞻园的确深得江南园林的神韵，池、廊、亭、石、树、楼巧妙布局，移步换景，美不胜收。现在的瞻园其实可以分为两部分，一部分是靠西面围绕两个池塘的园林；另一部分是东面纵向排列的老楼，老楼同时兼具博物馆的功能。

从瞻园南门进入，往左走便是趣味盎然的园林。南面、北面和西面都有假山、怪石包围着的池塘。假山是瞻园的一大特色。西面假山最高，最高点上有一个扇亭。扇亭看似躲在绿色灌木之后，其实立于亭中能俯瞰园林秀色。南面的假山是土、石结合的，做出了绝壁、山谷、山洞景观。最令人叫绝的是有瀑布飞流直下，让整个画面充满了水墨画的神韵，堪称中国式风光的微缩版。北面假山为太湖石堆砌而成，堆出的山谷上架有旱桥，还使用了两层大而平的石矶，这在中国园林里非常少见。

瞻园的水则以小见大，利用巧妙布局，在狭小的空间里让水面显得宽广、开朗。再加上林、亭、水榭、步石搭配，以及水位的落差，形成一个上下有倒影、前后有景深的水景体系，令人叹为观止。

除园林角度之外，瞻园还是一个博物馆。东面的楼宇开辟成了陈列室，在这条轴线上的建筑主要做太平天国历史博物馆用，也许是因为在太平天国时期这里是王府。在最北面的楼里则是有关江宁布政使的陈列。

一个瞻园交织着几个朝代的兴亡，不变的唯有池与石。金陵第一园里，你看到的是江南的秀色，但又何尝不是金陵的荣辱兴衰？

夫子庙

南国学府的情怀

就算盛夏，高温炙烤下的夫子庙依旧人头攒动。炎热的天气并没有让夫子庙少了人气。千百年来这里一直是江南的商业重地，人潮自然而然地从四面八方涌向这里。

夫子庙依着秦淮河。最初的夫子庙是东晋的学宫，到了宋朝才扩建成孔庙。而广义的夫子庙则是指以孔庙为核心向秦淮河岸扩张形成的夫子庙秦淮河风光带。

这条风光带历来是南京城里豪门望族的聚居地。昔日的王谢堂前燕便在这里起起落落。以学宫、孔庙为核心的治学文化兴盛的同时，这一带的商业氛围同样鼎盛。十里秦淮

就数夫子庙一段最为繁华。这一商业盛世直到今天还在延续，潮水般的人流从未断档，秦淮岸边、夫子庙旁更是商肆林立，许多老字号依旧在这里活跃。在一派古色古香的商铺里，夫子庙贩卖的多以土特产为主，稍偏远的地方则有几家潮流服饰店。

最精华的一段还是集中在夫子庙门前，四面八方来的人流最终也多汇聚于此。夫子庙门前是个开阔的大广场，广场上牌楼、古亭矗立。门前的秦淮河被用作了孔庙标配——泮池。池子的一边设有照壁，两条金龙在照壁上“飞舞”，威武雄壮，尤其是夜色降临后，龙身会发出“金光”，壁前一艘艘秦淮画舫也亮起夜灯来回穿梭，颇有秦淮夜色的味道。

尽管夫子庙门前商业繁华，但夫子庙内还是传统的孔庙规制。一座座精雕细琢的门坊引出千年传承的儒学文化。雄伟的大殿前供奉着孔圣和门生。为了弘扬传统文化，夫子庙里还有刺绣、茶道、古琴等文化活动的体验。在水缸里点上一盏长明灯，在钟鼓楼里敲响钟鼓都成为游客最爱的趣事。一侧的学宫里更有古老的石碑彰显了夫子庙厚重的历史积淀。明德堂前棋盘式的座椅成为众人休息的广场，两旁晨钟暮鼓则是人们休息之余祈福的地方。

除了游览孔庙的老建筑，还可以游览建筑之中布置的关于中国传统教育治学的展览，尊经阁里的夫子庙民间艺术展览同样很精彩。

走出夫子庙，庙外商业依旧兴盛。老字号小吃店前排起长龙，人力车穿梭在人流中，夜幕下一片繁灯中夫子庙还在守护着南国学府的情怀。

奇芳阁（贡院西街店）

百年清真小吃的传奇

这家店就开在夫子庙的旁边，其位置可以说是夫子庙秦淮河风光带中最好的。奇芳阁门面很大，足有十来米长，而且占据了夫子庙对面的整个转角。它是南京很有名气的老字号，不管是本地人还是游客都会慕名而来。

奇芳阁始创于清末，至今已有 100 多年。1917 年，又有了奇芳阁清真茶社。那时奇芳阁有许多股东，个个都是南京有头有脸的人，所以当时民谣有唱“奇芳阁的势力大”。

不过这么多年来奇芳阁留下的最大财富还是它的小吃，其中以鸭油酥烧饼、麻油素干丝和素什锦菜包等最令人叫绝。鸭油酥烧饼用鸭油做油酥，粘满芝麻，异常酥香，带有鸭油特有的香味。烧饼 1 块钱一个，一定要趁热吃。麻油素干丝选料上乘，制作考究，金黄色的干丝浇上盖头佐料，再淋上麻油，顿时香气扑鼻，有“知味停车”一说。素什锦菜包看似普通却有“翡翠”的雅号，主要是因为主料为新鲜菠菜或青菜，成品咬开后热气弥漫之中，恍见白玉间碧绿几点，异香奇趣。

奇芳阁还在不同时节供应当季小吃，像茭儿菜烫面饺、荠菜烧饼、鸡丝面、春卷等，均异常美味。如果赶上了当季的小吃，一定不要错过。

莲湖糕团店

秦淮河边的小吃之王

夫子庙除了孔庙、贡院，丰富的本地小吃绝对是令游客着迷的因素。在众多小吃店中，莲湖糕团店堪称另一种“秦淮八绝”，是到南京必去的地方之一。五色糕团、小巧圆子、赤色粥让一拨又一拨的人群挤入这个秦淮河边的小店。

莲湖糕团店历史悠久，许多南京人的儿时回忆都有去莲湖糕团店吃小吃这一段。虽然历史悠久，但变化并不大。除了重新装修以外，其他还是老味道、老样子。作为百年老店，

莲湖糕团店的店面不算大。大门里左右各有一个玻璃罩着的柜台，一边是卖五颜六色的糕团的，另一边是卖其他点心的。

店内的服务员都是穿着白大褂的阿姨，手脚麻利，依然保持着国有点心店的风格。经过重新装修的店里窗明几净，环境不错。

莲湖糕团店最受欢迎的不是糕团而是赤豆小元宵，这是一种典型的苏式点心。玻璃弹珠大小的糯米球和赤豆羹一起煮，吃起来羹异常黏稠，小元宵则更为滑糯。另外因放了少许桂花糖，甜味中还带有桂花香气，这一点可谓点睛之笔。和一致好评的小元宵相比，五颜六色的糕团褒贬不一。吃不惯的会嫌它口感粗糙且味淡，而吃惯了的人却说“就是这个味儿”。

不管怎样，莲湖糕团店还是夫子庙最具人气的店铺。每逢节假日，店里的座位总是显得不够用，人们端着小元宵找位子是最常见的场景，似乎只有到这里吃上一碗小元宵才算是真正来过夫子庙。

江南贡院

中国古代最大的科举考场

如果你荡漾在秦淮河上，路过夫子庙，你会看见华灯闪烁，你会看见汹涌的人流，你也会见识到商业繁盛，也许你还听过河上“犹唱后庭花”的歌声。但你或许忽略了夫子庙旁边中国古代最大的科举考场——江南贡院。

江南贡院就在夫子庙的边上，也叫作南京贡院、建康贡院，这里是有科举以来江南取士最大、最重要的考场。

明清时代江南贡院发展到最高峰。当时秦淮河上一眼就能看到贡院标志性的建筑——明远楼。高高的明远楼引领莘莘学子用知识改变命运。当年的明远楼下是考试用的两万多间号舍，号舍密密麻麻排到秦淮河边。800 名状元、10 多万进士、上百万的举人从这里走向仕途。

今天，从贡院街走过，明远楼依然矗立在夫子庙边。贡院被恢复成夫子庙秦淮河风光带上重要的景点。整个贡院景区被贡院街分成两部分。南面靠着秦淮河的部分以更接近原始状态的古建筑为主。部分贡院建筑和碑刻被恢复。在长廊、亭、照壁等建筑里，科举的点滴原貌让人们走近了这个维系千年的古老制度。相当一部分展览就在秦淮河边，转身还能欣赏秦淮风景。

在这片复古贡院对面是新颖的科举博物馆。这是南京最值得一看的博物馆之一。从正门你只能看到一片池水和倒映在水中的明远楼。当你进去之后，才发现这个下沉式的博物馆像一个宝库。博物馆许多细节颇具匠心，灰瓦垒成的墙壁，有独特的密集型视觉效果。过道两边高墙夹击，空无一物的视野里，突然架起一座玻璃桥连通两面墙。这时墙壁上出现密密麻麻的方块字，走近一看原来是经史子集。

随后的参观过程犹如探宝，高墙之下迂回曲折，一下又豁然开朗见到水池环绕的庭院。水池上铁莲“绽放”，高墙间投下一道狭长的阳光。摆满经史子集的魁星堂的“夜空”中繁星点点，历代状元名录在灯光照耀下熠熠生辉。仿佛身处幻梦之中，科举历史一一呈现。

走出科举博物馆，明远楼又出现在眼前。华灯点亮的明远楼更显辉煌亮丽，楚楚“身影”倒映池中。两边复古的号舍静立着，恍若明清时的盛况再现。但再一细看却发现其中空无一人，科举制的历史早已一去不复返。

乌衣巷

王谢堂前，魏晋遗风

“旧时王谢堂前燕，飞入寻常百姓家。”文德桥旁、秦淮河南，人们饶有兴趣地辨认着毛泽东潦草的字迹，念出了石碑上的诗句。在石碑旁的门坊上写着“乌衣巷”——也就是诗句中的乌衣巷。巷口夕阳依旧斜下，不见了堂前燕，王谢士族的辉煌也早已是过眼烟云，只留下进进出出的游客的寻常身影。

乌衣巷位于夫子庙南，东晋时，最早是大臣王导的居所，后来逐步发展成王、谢等豪

门大族的聚居地。因为两族子弟都喜欢穿乌衣显示身份，所以得名乌衣巷。这里其实到了唐朝就已经没落了，不然也不会有“飞入寻常百姓家”这样的感叹。

千年之后，堂前燕飞入了新的乌衣巷。重建的乌衣巷黛瓦白墙，又恢复了魏晋风貌，旧址成了王导谢安纪念馆。纪念馆里是清一色的白墙，屋檐下挂着红色的灯笼。木立柱和木门窗都刷上了黑色或褐色的漆，门楣上写着“王谢古居”，屏风上刻着“魏晋遗风”。木房子里的陈列也都是关于王谢世家、魏晋文化、六朝历史的介绍，展品丰富，带有浓郁古风的雕塑、书画让人耳目一新。

乌衣巷门口看着虽小，里面院落其实还是挺大的，展示内容也颇丰富。在夫子庙明清风格的建筑中，乌衣巷的魏晋之风又显得更为清新。逛逛乌衣巷，在读懂王谢的同时又好似穿越时光重回一次魏晋。

李香君故居

流芳后世的金陵名妓

在繁华的夫子庙秦淮河风光带，除了夫子庙、江南贡院，还有很多有趣的小地方散落在这一带。李香君故居就是其中之一。

前往李香君故居前，有必要搞清楚李香君是何许人也。李香君是当年秦淮岸边的金陵名妓。她和董小宛、柳如是、陈圆圆等并称为“秦淮八艳”。她歌喉圆润，但不轻易为人

歌唱；丝竹琵琶、音律诗词亦无一不通，特别擅长弹唱《琵琶记》。清朝文人孔尚任以她为原型创作《桃花扇》后，她的故事更是家喻户晓。而她真正被人们记住以至于今天专门恢复故居，最主要的原因是她对于爱情的忠贞和强烈的爱国情操。

要想深入了解这位秦淮奇女子的身世，前往夫子庙钞库街的李香君故居最好不过了。这是秦淮河边的典型民居，三进两院，砖木结构。明清河房建筑大抵都是这样的，今天在平整的钞库街上这样的房子越来越少了。

故居在街上很醒目，大大的招牌悬在屋外。故居的门面大部分都留给了商铺，只留一个开间作为入口。窄窄的过道里摆满了各种扇子，诉说着李香君与扇子的缘分。走进院子，红漆的木门、木窗和白色的墙壁迎面而来，侧面廊下有纪念香君的石碑和石像。而屋里则陈列了李香君的介绍和纪念品，一帘帘紫红纱布在屋里营造出一种神秘的香艳感。

最后一进院子里，当年吸引文人墨客的媚香楼也向游人开放。架子床、梅花窗、宫灯……许多老物勾勒出当年青楼的点滴。推开窗子还能凭眺楼下悠悠的秦淮河，也许当年李香君也曾这样看风景。

桃叶渡

静享秦淮好风光

在南京工作了5年的外籍人士爱德华一有空就会出现在秦淮河桃叶渡的大树下。他说，在咖啡馆露天座的桌子上摆一台电脑就是他最好的办公室。

桃叶渡是秦淮河上的古渡口。从六朝以来桃叶渡就是商贾云集的渡口，古清溪河和秦淮河在这里交汇，催生了它的繁华。遥想当年，南来北往的河舫在这里争流，一到夜里船灯通明，好似不夜天。

今天两条城市内河依旧在这里相遇。一座小石拱桥跨过河道，桥下一座石牌坊显眼地立在边上。它们共同的名字是桃叶渡，所在的位置就是古渡口的旧址。现在渡口的位置稍稍西移，旧址实际上已经变成一座环境清静的茶馆，就在牌坊不远处，茶馆的露天座出现在柳叶下。桌上铺着蓝色印花布，青花瓷茶杯和藤编暖瓶摆在桌布上。因为柳树茂密，这里有大片的阴凉可享受，许多游客都闲坐其中。茶馆边是桃叶渡的小花园，花园虽小却深得江南园林神韵。花园里有长廊和池塘，再辅以假山乱石以及红色的鲤鱼和荷莲，倒也是一派世外桃源的模样。

花园往西，桃叶渡两岸是清一色徽派建筑。当然这些都是现在的仿古作品。好在高大的马头墙、黑白配的外立面和古渡口的气质还蛮般配，看着比较顺眼。马头墙下还有古色古香的牌坊和石碑，让古意更浓。

两岸的房子里内容更丰富。在北岸的河边长廊里藏着桃叶渡文化艺术馆，馆里一直有展览可看。剩下的底层建筑大部分都是商铺，其中多数是餐饮。中国精酿展示中心和西式杂货铺等时尚店铺出现在晾满衣服的木廊里，着实有趣。

西面的两河交汇处商业最为发达，在两岸尽是餐厅、茶馆、酒吧、咖啡馆，它们都在沿岸摆满了露天座，有上下两层。到了夜晚点上灯火，露天座顿时有些秦淮花灯的味道。对面拐角处的咖啡馆，则有巨大的树木遮阴。僻静的室外环境，让人迅速脱离远处的喧闹和人流，有种避世的感觉。

桃叶渡新渡口在旧址边已经恢复，但渡口的功效早已不在。林立的茶楼酒肆早已把这里变成了秦淮河的休闲胜地。

东水关 晨光1865科技创意产业园

城南中华门内外曾是老南京最市井最繁华的地方。城门里货车进进出出，高大的城墙下到处都是民居，街道上商铺林立。低矮的江南民居间到处都是老城的市井故事。如今老门西还是一片民居；老门东却已然发生了翻天覆地的变化，游走其中，老城的新鲜模样让人喜出望外。

东水关
中华路
平江府路
白鹭洲公园
长乐路
璇子巷
中山南路
马道街
中华门
MOTU新西兰汉堡店
老门东
江宁路
骏惠书屋（先锋书店老门东店）
大报恩寺遗址公园
晨光1865科技创意产业园

老城的过去与现在

让我们先从秦淮河入城的源头开始。东水关是秦淮河上难得的老建筑。秦淮河从高墙铁关下缓缓流过，游览的画舫至此掉转船头，留下青灰高墙陪伴秦淮。“最大而雄爽”的园林、秀丽的宝塔，游走岸边，泛舟河上，穿街过桥，古意盎然。这片世外桃源是秦淮最安静的绿地。

现在这片世外桃源南面喧闹的市井正在华丽变身。老城的旧房修葺一新，徽州的老楼空降石板路，马头墙和青砖乌瓦建立起一片新的市井。人们来这里闲坐老楼下，或登上木阳台俯瞰老街，老城里的休闲时光呼之欲出。在这里，汉堡可以搭配臭豆腐一起吃。游客在老字号的点心店里品味最新设计的美味，在外来的时尚店铺里淘来自世界各地的有趣物品。

老门东边上的“老门”依旧老着，瓮城还是像城堡一样屹立不倒，宽阔的石道、拱形的门洞依然。

登上聚宝城楼，一座青灰色现代宝塔矗立在楼宇中。那是同样古老的大报恩寺遗址。古老的寺庙虽然远去，但留下了粗犷的地基，也留下了传世的宝藏。那个如夜明珠般闪烁在城市中的琉璃塔拨开重重历史迷雾，只为让人们看个真切。

老城辉煌的过去与繁荣的现在同样让人印象深刻。

东水关

十里秦淮龙头来

波涛不兴的秦淮河上，画舫慢慢地前进着。到达最北面时它遇上了一堵大水闸，画舫在水闸前优美地画了一条弧线掉头而去。

画舫路过的水闸就是东水关。它是秦淮河进入南京城的关口，是南京城墙上唯一的船闸入口，被叫作十里秦淮河的“龙头”。而今天，你若是从水上来，这里便是秦淮河游览的终点。所有游客都会在掉头时掏出相机从正面拍摄它的英姿。

现在的东水关还保留着部分原貌，并建有一个小小的遗址公园。从树林小道穿过，灰色的水关横跨在绿色的秦淮河上。水关东面还留有码头，码头树荫下，放船亭里围坐着纳凉的市民。在他们的身旁，两位民国大师的雕塑静静注视着东水关。东水关的闸前立着一堵新砌的灰墙。墙上一面写着“风雅秦淮”，一面写着清代诗人汪懋麟的《秦淮灯船歌》。

沿着花岗岩的石阶可以走到东水关遗址上面。遗址上面是一个青石铺就的平台。边上是新砖铺就的石板路，直直通向远处高起的城墙。石板路边是保留下来的东水关的遗址，那里由一块块青砖垒砌着，高高低低的，中间还有许多凸起。青砖里长出许多杂草，一丛丛地点绿青灰色的平台。平台上人很少，只有几对恋人坐在凸出来的砖墙上。站在遗址平台上可以远眺风景，前后是幽幽的秦淮河，左右已经被密密麻麻的公寓楼包围。新建的高楼大厦和原始残破的城墙反差极大，让人不禁感叹时间的流逝。

要看清东水关全貌最好走到侧面观看。这时，东水关的桥、墙、闸、河融为一体。桥上的券整齐地排列在桥上。边上城墙高出水关一头。底下秦淮河静静流淌，画舫倒是不停前来拜访，在河面上留下涟漪。过去东水关还有一层墙体和券，而今只剩下中下部分，也没有船只从闸里过关了。物尽人移，只有秦淮河水依旧流淌着。

白鹭洲公园

秦淮河边有美园

秦淮河静静地从夫子庙前流过，一支向东水关流去，还有一分支流过白鹭洲公园。

和细小的支流一样，白鹭洲是路过秦淮的人们容易忽略的地方。其实和商业气息浓郁的秦淮河风光带相比，这里安静而惬意，听名字就知道它足够文艺。古时它一直是南京的私家园林。明朝开国元勋徐达第一个在这里建造别墅，后来一座鹫峰寺在边上建起。多年

之后，徐达后人在别墅的基础上建立起园林。当时它在南京就号称“最大而雄爽”的园林，并取名为东园。东园一直是南京最吸引人的地方，历代文人墨客往来甚多。王世贞、吴承恩都曾在这里召集文人办雅集。连明朝皇帝南巡时都要到这里赏景钓鱼。

王世贞眼里“壮丽遂为诸园甲”的东园现在已经是南京城南最大的公园——白鹭洲公园。不管是清丽的山水，还是水墨式的烟雨楼阁，都向公众开放。

不妨沿着城墙从武定门进入。武定门的小公园连着白鹭洲公园，中间一条小河相隔，一边是城墙，一边就是白鹭洲的层层绿意。从拱桥上往下望去，蜿蜒的绿色河道边黛瓦、红墙的仿古建筑恰如其分地排列着，更有楼阁、祠堂、庵院鳞次栉比排列在一座座小花园里。其中多个建筑早已是餐饮场所，坐落其中，鸟语花香和中式院落相得益彰，吃吃喝喝自然情调出众。

再往里走就是所谓的白鹭洲小岛。白鹭洲其实是公园中的沙洲之一。它地势最高，登顶可纵览公园全景。岛上柳条飘扬，漂亮的画舫春在阁就掩映在一片柳绿中。

站在春在阁放眼望去是更广阔的水域。那是从秦淮河流来的水，曲曲折折地填满公园，也带来了秦淮的风情。岸边各种造型的古建筑躲藏在绿色中，更有大小高低不同的拱桥架于河上，好似一幅中国式的山水画。全园有13座桥，单孔的、多孔的、三曲的、七曲的、石头的、钢筋的、带廊的、带亭子的，一一走来眼花缭乱。另一座沙洲上还留有东园的旧影，轩、廊、亭、桥和假山点缀其中，不由得让人联想起当年东园文人曲水流觞的盛况。在北面，鹫峰寺也还在，尤其是立在湖边的“七级浮屠”，是湖边最显眼的风景。寺庙至今仍延续着当年的文风，内设艺苑，书画等传统文化在这里传承着。

公园湖面上总是停着一艘艘小船，黄色顶的小船出没在拱桥、回廊边，增添了悠闲气氛。再加上游乐设施和餐厅、茶舍的开业，白鹭洲早已是城南的休闲胜地了。

老门东

老门下的新生活

大多数游客到了南京首先要去夫子庙、总统府、中山陵，可大家却忽略了一个去处——老门东。作为新世纪南京文化旅游的一张名片，随着一股怀旧风，重新活跃起来的老门东为我们展示了一幅休闲生活的画卷。

过去，这里一直是商贾云集、人文荟萃的热闹地界。到了清末之后，这里逐渐成为老城区密集的住宅区，集中体现了南京老城的传统民居风貌。

宽泛地讲，老门东指的是中华门东。空间狭窄、街巷交错、木砖结构是老门东地区的固有面貌。现在人们常说的老门东大都指被重新开发的一段历史文化街区。

这个重新活跃起来的老门东紧靠着中华门。在它最北面有一个标志性的牌坊，上面醒目地写着“老门东”。牌坊上雕刻精美，两边还有一副楹联：市井坊间尽染六朝烟水气，布衣将相合书千古大文章。走进这个牌坊，便是所谓“尽染六朝烟水气”的市井坊间。其实，这里更像是以旧貌修复为准则的新商业区。

沿青石板路走进去，两边尽是木结构建筑，木门、木窗、木格、木栏，除了玻璃你几乎看不到现代的痕迹。其实大部分木质小楼都是新建的，有的是徽州等地区老房子“移植”而来，所以你会看到高高的马头墙矗立在石板路两旁。只有在更小的街巷中才会有零星的几处老建筑是老门东原有的，有的砖墙因时间久远还专门用玻璃封存起来。

石板路上除了做商铺用的小木楼，还有亭台、池塘，使老门东顿时有一点江南园林的味道。最有趣的还是木廊底下的兽嘴，一年四季都吐着水。夏天时池塘、水沟会喷出冷雾，犹如仙境，同时也让游客凉快许多。街中间位置还有喷水池，常常吸引孩子去戏耍。

老门东的最大乐趣在于逛。从一家店逛到另一家店，从一条小巷子逛到另一条小巷子。老门东里有接地气的本地小吃，也有外来的汉堡、咖啡、精酿啤酒，甚至还有郭德纲的德云社。木楼里装进了美术馆、书店、画院、博物馆，每家店铺都有独立的格调，每一扇木门背后似乎都有一段故事，老门东已经有了新的活法。

MOTU 新西兰汉堡店

正宗地道的新西兰风味

顺着老门东的牌坊往里走，右手边第一幢房子便是 MOTU 的店铺。

MOTU 店面是古色古香的中式木结构。雕花木格窗门上挂着一块洋气的招牌。一走进大门便是柜台，柜台里的大黑板上用粉笔花里胡哨地写着菜单。一楼没多少位子，大部分空间都被柜台和操作间占用。上到二楼，空间就大了起来。简单的木质桌子配上黑色铸

铁椅子摆在店堂里，中间用工业风的铁窗作为分割，靠墙的位置摆着黑色皮质沙发，沙发后面的墙上装饰着木质的钟和油画。另一面大墙上用LED灯打出店铺的招牌，招牌底下半面墙都是装饰风格的黑白瓷砖。二楼带一个阳台，站在阳台上可以眺望老门东的风景。

这家店的老板来自新西兰。他觉得南京没有地道的汉堡，所以携家带口地在这里开了一家新西兰风格的汉堡店。这里的汉堡口味更接近英国风格，和连锁快餐店里的不一样，是用料十足的大汉堡。拿牛肉汉堡来说，肉质鲜嫩，咬下去能感到肉汁在嘴里喷溅。汉堡里还会新奇地配上菠萝、蔓越莓，让汉堡有了热带风味。尤其是照烧甜蜜汉堡，酱料十足的照烧鸡和水嫩的菠萝组合成酸甜口味，十分符合中国人的口味。这里汉堡用料都很讲究，酱料是老板的妈妈自创的。

店里还有许多其他小食和甜品，其中薯条就是一绝。宽宽的薯条撒上老板自制的调味粉，搭配番茄酱、辣味美乃滋以及甜辣椒酱。一根薯条，享受三种口味！如果是夏天再来一瓶新西兰精酿啤酒，那真是仿佛去到了南半球。

中华门

瓮中看城墙

中华门无疑是南京最响亮的地名之一。在南京随便问一个人，都知道中华门在哪里。

中华门原来是明朝南京城十三座城门之一。它还有一个更讨喜的名字叫聚宝门，这里最特殊的地方在于它是一个瓮城。如今它是中国现存规模最大的城门，也是世界上保存最完好、结构最复杂的堡垒瓮城，其建筑规模仅次于通济门（现已不存），有“天下第一瓮城”之称。

如果你有机会俯瞰它，你可以清晰地看到整个瓮城的结构。城门前设置有三道瓮城、四道券门，呈“目”字形结构，每道瓮城都有一门一闸，主体建筑内瓮城由中华门主楼城门和二至四道辅助城门构成，各城门原有双扇包铁门和可上下启动的千斤闸，内设有栓槽，用来供木栓紧闭大门所用，整座城共有 27 个藏兵洞，可以藏兵 3 000 余人。中华门前后都有秦淮河流过，正好充当护城河用。它是南京老城的交通咽喉之地，以它为坐标的旧时老门东、老门西都是繁华的商业地。

现在的中华门可以说大部分恢复了原貌。在原有基础上在北侧修了一个广场。城门周围则密植树木，形成一条绿带保卫城门。入口处朝北，所以游览时其实是由北向南“逆行”的，最后一道门实际上是面朝城外的第一道门。最后城门处有宽大的斜坡道，过去这是运送军需物资以及将领骑马登城的快速道，现在这条路成了游人登城墙的必经之路。

登上城墙回头俯视，三道城门非常清楚，由矩形城墙连通，算上你自己站立的朝北的第一道城门，“目”字形结构异常清晰。城门、城墙都爬满了爬山虎，绿油油的一片，只

有底下拱券城门和城墙顶部是光秃秃的。城门顶部中间都凸起一块长方形的平台，过去那上面是建门楼的，包括最高的第一道城门也有门楼，但是木结构建筑在抗日战火中都被毁了。

沿着第一道城门的中间平台走，可以看到一个个小门洞。门洞原来都是藏兵用的，在最下层也有同样功能的三个门洞。现在中层的门洞里藏的则是各种文化历史的陈列展示，冬暖夏凉的门洞成了小“陈列馆”，其中瓮城的介绍最有价值。而文创用品店则最漂亮，设计感十足。

中华门最后的旅程无疑是登顶眺望。顶层是一个光秃秃的平台，平台上有古炮、投石器、礌石等明清时代的军事器械。不过这里可以看到多样的风景，侧面是特别的大报恩寺塔，正前方是绿油油的瓮城，再远些是南京城里的高楼。大部分风景都是新的，因为你脚下的才是最古老的。600 多年前，一个帝王也曾这样远眺他的城市。可惜瓮城机关算尽，终是抵不住历史的蹉跎。坚强如城堡，也只是沧海一粟。

骏惠书屋（先锋书店老门东店）

徽派马头墙下的先锋

这家先锋书店的分店开在老门东。书屋所在的宅子是一座三进古宅，就连一砖一瓦都来自江西婺源，可以说是非常正宗的徽派建筑。

站在门外，高大的马头墙和带有砖雕的徽派门楼就已经彰显了它不凡的身世。屋里粗壮的房梁下是让人眼花缭乱的木雕，徽派美学扑面而来。最有趣的是第一进门墙是繁体“书”

字的镂空木雕，入口处的“学富五车”则紧扣阅读文化主题。在600多年历史的木梁和雕刻间，图书以博物馆式的新方法排列着。

在古宅中间，温暖的阳光从头顶落下，照亮一部分书，也照亮一部分雕刻花纹。木楼梯吱呀作响，人们忙于探索上下两层——楼下是书店，楼上是文创产品店。中间过道摆上椅子便是阅读区，厢房空出来便是情调古朴的包间。

浸润在600多年历史的徽派古宅中，这家骏惠书屋呈现出一种极致的古朴与沧桑，是老门东最特别的老宅新店。

大报恩寺遗址公园

琉璃塔下再现佛光

出了中华门，一座高耸的青色宝塔令人瞩目。塔下广阔的空间被黄色围墙团团围住，那里便是昔日的大报恩寺，如今是遗址上新建的博物馆。

大报恩寺历史悠久，而且在中国佛教历史中有举足轻重的地位。它的前身是东吴时期的建初寺及阿育王塔。这是继白马寺之后中国第二座佛寺，南方地区的第一座佛寺。在六朝时期它就是南方佛教中心，所谓“南朝四百八十寺”皆下辖于它。

大报恩寺出现在明朝。明成祖朱棣为了报恩父母而建大报恩寺。寺庙工程宏大，按皇家标准建造，花费的时间、人力、资本巨大。建成后，金碧辉煌的大报恩寺成为中国规模最大的寺庙。尤其是一座琉璃塔，通体用琉璃烧制。夜间 146 盏长明灯将塔身照亮，金光闪闪的琉璃塔成为当时中外叹为观止的风景，一度成为欧洲人眼中的世界七大奇观之一，有“中国之大古董，永乐之大窑器”之誉，被称为“天下第一塔”。

尽管曾经如此恢宏，大报恩寺还是湮没在了历史尘埃中。直到 2008 年，遗址上出土“七宝阿育王塔”“佛顶真骨”等一系列世界级文物后，人们关注的目光才又重新回到这“天下第一塔”身上。

很快，博物馆、宝塔等建筑相继在遗址上建起。大报恩寺原址上建起了遗址公园。从公园的门口望去，遗址上大部分建筑包括宝塔都用大量的玻璃做外立面，显露出了新世纪建筑的特点。不过在配色和花纹装饰方面都透露着佛家寺庙的特征，再加上零星仿古建筑点缀，让公园又有着中国古典寺院的韵味。

在入口处附近，广场上裸露在地表上的大石块和土路首先进入我们的视野，这是御道遗址。两边还有小巧可爱的香水河拱桥架在河道上，水面上升起几株白莲花，和不远处古朴的碑亭一起倒映水中。

再走进玻璃建筑里，“天王殿”的广阔地基就在脚下。远处的塔映在玻璃墙上，近处的遗迹被玻璃罩着，一支中国民乐队奏出传统的江南丝竹之乐。就从这里开始，别开生面的大报恩寺博览之旅开始了。

玻璃房子里分为三块区域，分别是遗址展区、文化展区、藏经展区。从大报恩寺的发展历史到佛教文化，再到更细致的佛教经藏文化，在这里都一一得以展示。其中鎏金七宝阿育王塔等国宝级文物定会让你大开眼界。值得一提的是，博物馆的展示手段非常多样，极具艺术表现力。琉璃莲花在房顶上倒垂，“玉质浴缸”里流水潺潺，地面上的莲花视频

能感应脚步的接触，即便是佛教的壁画也用声光电的形式复原。这边是现代化艺术展现手段，同时质朴的遗迹就在另一边，一旧一新，一朴一华，让人感受到中国佛教文化的博大精深。

在玻璃房子的中央是宝塔和广场。宝塔用轻质的钢材和玻璃组建，看上去非常新潮，好似巨大的“变形金刚”。若不是表面附着着一些琉璃材质，人们几乎都忘了这是对琉璃塔的致敬之作。塔身一楼空间更是别开生面。巨大的流线型罩子呈波浪起伏状，中间安放着金光闪闪的阿育王塔。这个设计颇有宇宙归一、独尊王塔的感觉，有着非凡的视觉冲击力。除了游览地宫，还可以登到塔顶，尽情感受“多少楼台烟雨中”的诗意。

在夜晚，玻璃塔浑身闪亮，是南京城南标志性的亮点。同时大型实景演出也会在塔前上演。

晨光1865 科技创意产业园

近代兵工厂的新生

南京城南，中华门外，宽阔的应天街高架桥上车来车往，好不热闹。就在这座高架桥下矗立着一个洋气的五开间券拱大门。大门灰色做底，黄色勾边，优雅弧线的坡顶下面挂着大钟，大钟下的招牌上用楷书写着“金陵制造局”几个大字。

大门里就是著名的近代兵工厂金陵机器制造局遗址，现在改造成了科技创意产业园，取名晨光1865。金陵机器制造局是中国近代军事工业的先驱者。它是由当时刚刚升任两

江总督的李鸿章主导创立的，是南京第一家近代机械化工厂，也是中国四大兵工厂之一，素有“中国民族军事工业摇篮”之誉。

现在的晨光 1865 早已没有了当年兵工厂热火朝天的场面，相反安静而又文艺。兵工厂的制造业不复存在，但许多老厂房都留了下来，从光绪年间的铜厂，到民国时期建的厂房和办公楼足有几十间。漫步在园区就好像回到了近代的工业时代。清朝的厂房是最显眼的，人字形的坡顶、三角形的折架，还有清水墙上优雅的拱券，无不透露着那个时期的特色。厂区里的房子并不都在一个平面，有时要爬上小坡，甚至还有石桥跨过地面。这般立体的排布，让房子错落开来，也让游览妙趣横生。旧房子之间安放着许多新的雕塑和装置艺术品。在西洋式的厂房和后现代的装置之间也点缀了几座中式的亭子。偶尔还有革命生产口号“堂而皇之”地出现在厂房外立面上。

从西式到中式，从后现代到革命，工厂里承载着不同时期的文化特征。大量创意型的公司入驻其中，艺术展览和历史陈列馆也占据一角。大熔炉式的科技创意园区常让人忘了它本来的面目，只有草堆里一门架退克鲁森式 2 磅后装线膛炮（制造局造出的第一门炮）还在提醒人们别忘了近代的兵工历史。

国立美术陈列馆
南京总统府

从一碗地道的鸭血粉丝汤开始，流逝的民国正史在长江路大气的建筑里得以被人们窥见。作为昔日国都的气派和地位，只有到了这里才能真正体会。

如意里
长江后街
太平桥南
杨将军巷
太平北路
1912
会
网巾市
碑亭巷
黄家塘
东箭道
南京总统府
国立美术陈列馆和人民大会堂
六朝博物馆
长江路
梅园新村纪念馆
江宁织造博物馆
文博文创大观园
中央饭店
长江东街
中山东路

建筑里的民国岁月

抹干净嘴边残留的鸭血粉丝汤，从市井小路穿出。宽阔的长江路立刻把时钟调回到民国年代。人民大会堂宽阔的门面仿佛在告诉人们这里曾经的政治地位。边上的国立美术陈列馆是同一时期、同一设计风格的建筑，在民国的美术馆里阅读民国的美术历史，这是轮回式体验。城中最有品位的咖啡馆的悄然闯入，让这个怀旧之旅、艺术之行又多了一份咖啡的香气和泡咖啡馆的惬意。

和民国的美术相比，江宁的织造要更华丽和负有盛名。织造博物馆以新容旧，玻璃幕墙中展示了江南园林的秀美。织造之旅不仅在于了解那几件旷世的锦绣华服，还在于能跃出现代建筑走进《红楼梦》般的大观园中。

再回到总统府时，时光又回到了民国。当然总统府前后几代历史建筑不只是民国那点事，从清朝的织造署到太平天国的王府，再到民国的总统府，这里曾经是南京的政治中心。

红白相间的中央饭店也同样交织着民国的传说。优雅的旋转门里时光流转，老派咖啡馆里情调怀旧。地道“草根”味道的面条是几代本地居民翘首以盼的味道。新鲜出炉的美食区则是它未来的方向。从大众的面条到小资的西餐、咖啡，也就是几步路的距离。

当夜幕降临，民国的传说在 1912 的老建筑群里继续。一幢幢民国楼宇摇身一变，成为怀旧情调的酒吧、餐厅。

国立美术陈列馆和人民大会堂

长江路上的民国记忆

长江路是南京非常重要的一条马路。在民国时，南京作为首都，它的行政中心就在这条路上。宽阔的长江路上矗立着多个知名的民国建筑，许多民国历史都能在这里追忆。除了耳熟能详的总统府，国立美术陈列馆和人民大会堂同样是那个时代留给我们的重要印记。

这两个宏伟的民国建筑离得很近，是一对好邻居。从西往东，你会先见到人民大会堂。这是一座讲究对称的钢混建筑，黄褐色的外立面在绿色梧桐树后崛起，中间还凸出一部分。

它整体外观硬朗，到处都是横平竖直的结构。中间凸出部分有敞开式的门廊，宽阔的台阶上是鲜红的大门，门廊的上方有红色窗格，细看屋檐下和窗上的花纹多带有中国特色。

20 世纪 30 年代孔祥熙提议建造此会堂。当时大会堂叫国民大会堂，同时也叫国立音乐院，开会之外主要做剧院用，所以当时设计时就特别注重音响效果。直到今天人民大会堂的主要功能依旧是召开会议和文艺演出。

在人民大会堂边上矗立着另一座同时期的建筑。这座建筑中间高两边低，不像人民大会堂紧靠街面，建筑更远离街面，空出一个小广场。和人民大会堂中间凸出正相反，它的中间部分向内收。它的底下也有敞开的门廊，门廊两边有石狮子蹲守。更有趣的是，石狮子旁有旧式铁框路灯架着，灯下的石墩子上有精美的雕刻。大门之上是三层楼高的玻璃窗，透过玻璃窗可以看到两边对称的白色阶梯呈“之”字形盘旋而上。在建筑的最上方挂着“国立美术陈列馆”的金字招牌。这是新挂的复古招牌，需要由右向左读，算是恢复了它民国时的名号。就在几年前这里的招牌挂的还是江苏省美术馆。

不难判断它在民国时就相当于国家美术馆，而且美术馆和人民大会堂是一起设计、一起施工的，所以建筑风格非常相近，在大量采用西洋建筑方法的同时体现中华元素，整体朴素、大方、庄重，毫无浮华之气。它的功能至今依旧是举办美术展，是江苏省美术馆的分场馆，而且可供免费参观。在参观民国时期厚重的国家级建筑的同时，也能欣赏美术作品，可谓一举两得。

江宁织造博物馆

古今辉映的织造

大行宫是南京一个重要的地名，这地名来源于清代康熙帝在江宁府的行宫。

江南纺织是明清时最重要的产业。清朝时期仅南京就拥有织机3万多台，男女工人5万左右，依靠丝织业为生的居民达20多万人，年产值达白银1 200万两。南京的云锦是当时最高端的纺织产品，皇宫和朝廷对此有大量需求，所以在南京专门设立江宁织造署督办官方织造事宜。康熙皇帝、乾隆皇帝下江南时多次入住江宁织造府，于是大行宫便由此得名。

今天在大行宫地铁站边上，一座玻璃和合金做外立面的现代建筑便是它的遗存，现在它是一座博物馆。它既是明快的现代建筑，又是极具中国传统特色的园林，在融汇古今建筑风格的博物馆里，江南织造的辉煌再一次走进人们的视野。

江宁织造博物馆的基础是 20 世纪 80 年代发现的江宁织造府西花园遗址。从发现遗址到博物馆开放整整相隔 20 多年。建成的博物馆地上有 4 层，地下还有 2 层。馆内所展出的除江宁织造历史和南京云锦之外，还有相当部分展厅介绍了《红楼梦》和曹雪芹。这主要是因为曹家几代都任职江南织造，和这里有着千丝万缕的联系。

博物馆本身最大的亮点在于在现代建筑外壳里有着传统江南园林的设计。从最南面北望，中国传统木结构建筑层层叠叠地筑起，假山、池水、长廊、亭台一样不缺，仿若一幅山水画。就算在非常现代化的玻璃幕墙下都会露出飞檐式的传统大门，甚至有许多细节设计参考了《红楼梦》里大观园的描写。

于是，一个被现代建筑包裹着的江南园林出现在南京市中心。它是当代人对江南织造的臆想，又或是对《红楼梦》的猜测。不管怎样，它是云锦衣裳时代的一次奇妙再现。

文博文创大观园

博览南京的文创店

如果你从大行宫地铁站 2 号出口走出来，会经过一片挂着漂亮艺术装置的区域。在这里，京剧脸谱、中式窗棂、牡丹花都印在高高悬挂的“抽象宫灯”上，边上就是文博文创大观园的入口。

这是一个有趣的大观园。它紧靠着地铁站，几乎和地铁站共处一地，但在功能上它是一个十足的文化博览机构。实际上它属于江宁织造博物馆，所用场地是博物馆的地下二层。

大观园结构简单，在大厅的两边设立了两排展示区，中间是宽阔的步行道。两排展示区里集结了南京博物院、南京市博物总馆、金陵图书馆、金陵美术馆、南京文化馆、侵华日军南京大屠杀遇难同胞纪念馆等 16 家文博单位。与博物馆展示实物、文物不同，这里展示的是各文博单位自家有趣的文创产品。

一家家文博单位在自家的“小园子”里“摆摊”，贩卖的是文创产品，也是在推销自己单位的文化内涵。你可以看到南京城门被印在了丝巾上；喜上眉梢的传统图案被印在了抽纸盒、手提包上；民国漫画装饰在眼镜盒上；可爱的状元郎小玩偶爬上了多宝阁……从产品到店面的装饰都充满了古都独特的文化韵味。转上一圈就好像是把南京主要的文化场馆全逛了一遍，即便不买件艺术品，也是一次创意十足的文化之旅。

南京总统府

南京民国建筑的主要代表之一

一辆辆旅游大巴车开到长江路，一拨拨人流涌向长江路，长江路 292 号门前常常水泄不通。他们都涌向了路上的一片灰色大门坊，欧式大立柱的立面和雕花的拱券显示了它的不同，门房上写着 3 个大字——总统府。

这里就是著名的总统府，1912 年孙中山在这里宣誓就职，任中华民国临时大总统，开启了民国历史，也开启了这片建筑群作为总统府的历史。

游客迈进洋气的总统府大门，仔细看着导览图。他们这才发现这里不只是总统府，不只是民国建筑，而是一系列复杂的建筑群。可以说总统府是南京保存规模最大、最完整的近代建筑群。在它5万多平方米的土地上有中国古代的江南园林，有西风东渐的洋楼，建筑风格可谓中西交融而又各具特色。而它的“身世”更可追溯到明朝。它曾是明初的侯府、王府，在清朝又成了江宁织造署、两江总督署等，之后太平天国又将它扩建为天王府。今天它又有了新身份——近代历史遗址博物馆。

所以总统府既是建筑遗址，又是历史博览。因为建筑面积大，路线复杂，游览前看清导览图会让你事半功倍。总统府建筑群除了中轴线上的民国建筑群外，东西两侧经过历代的扩建，分成了七八条轴线。

主轴线上是民国时期和总统直接相关的建筑。从门楼开始，由大堂、二堂、八字厅、会客厅、麒麟门、政务局楼、子超楼组成一条轴线。这些建筑前半部分是纯中式风格，朱漆的木柱子、黑瓦的长廊、成片的木格窗，后半部分则是雕花拱券、拉毛黄色外墙、白色方框装饰、红色筒瓦坡顶、罗马式喷水池组成的洋派建筑。

西式建筑一直延续到西边的轴线上，大总统秘书处、中山广场、孙中山临时大总统办公室、国民政府参谋本部楼组成西边一条轴线。从中轴线到西侧轴线的欧式建筑里大部分都是民国和总统相关的陈列展示。

就在西式建筑的西侧，以太平湖为中心的建筑又转变成江南园林的风格。太平湖是著名的煦园的中心，东榭西楼，北阁南舫，不对称地围湖而建。这里小桥流水、假山石舫、屋檐飞角，充满十足的江南风情，自然也是游人最流连忘返的地方。

再来看东面。紧贴中轴的东厢房及相连小院如今为清朝两江总督文物史料展厅，复原了两江总督大堂、花厅等场景。大堂后，东面的清代小院现为太平天国与天朝宫殿文物史料陈列厅，复原了天王宝座、天王书房、枢密室、娘娘宫等场景。在这一小轴线北面是复园。复园是个小巧的园林，又见石舫、水榭，长廊曲折间有微缩版煦园的感觉。

往南接近入口处有 6 排平房，最早是马厩，现在 4 排用作晚清民国展览，两排恢复成马厩和军乐队场景。平房的东北侧是陶林二公祠和行政院南、北楼。

总统府建筑群可以说轴线众多，花样百出，丰富多样的展览也穿插在大小建筑中。随着如织的人流游走可谓阅尽明清到近代的建筑，更能在各路导游口中听到无数传奇故事。只此一地，南京的历史文化你就能参透一半。

六朝博物馆

展示六朝文物最全面的遗址博物馆

六朝博物馆坐落在南京的黄金地段，西面是总统府和1912酒吧街，南面是南京图书馆、江苏省美术馆，东面是梅园新村纪念馆。

六朝博物馆由世界著名建筑大师贝聿铭之子——贝建中先生领衔的贝氏资深设计团队担纲设计，体系化地将贝氏建筑模数、贝氏建筑几何、贝氏建筑光影运用其中。

进入博物馆一楼大厅，就渐渐感受到了贝氏建筑风格的魅力。其实大厅非常简洁，几乎没有展示实物，只有一辆记里鼓车仿制品静静地在入口角落里引导人们进入六朝的世界。这个大厅虽然展示物少，却是整个建筑中最有贝氏烙印的地方。两层楼高的空间上方大量使用了玻璃幕墙结构，东面朝外墙面也用了玻璃幕墙结构。用玻璃大面积采光是在贝氏以往建筑中的一贯做法，最著名的就是全玻璃的金字塔——卢浮宫。

除了玻璃幕墙之外，南北墙上还分别设有圆月形的窗户，这被业内戏称为“贝氏月亮门”。在贝聿铭设计的苏州博物馆也能看到类似的设计，只不过几何形状不同。这样的窗户在建筑中把两个空间打通，产生一种穿越的透视感，是贝氏建筑一大特色。

顺着大厅的电梯上到二层，可以先从月亮门里看看大厅透视的感觉。随后有“六朝风采”“三国人物”两个展览可以看。从展品的质量和布展的效果来看，六朝风采是最值得一看的地方。六朝风采主要展出了六朝时期的艺术品，从青瓷、陶俑到书法、篆刻等都有涉及。尤其是剪影竹林令人震撼：借用皮影的效果，博物馆把竹子的影子打在巨大幕布上。

这种皮影感觉的竹影具有中国水墨画的效果，与作为古朴青瓷展品的背景相得益彰。随着展品主题的改变，竹影变成了真竹，通过背景虚实转换区分了不同空间主题，细腻而准确。

博物馆的装置是另一大看点。装置最多的区域是二楼的六朝风采展区和三楼的六朝人杰展区。在两个空间交换的中间地带会有布帛、铁架、插着短竹的观音瓶、黄色大石等构成的装置艺术。它以非常简约的手笔勾勒出了六朝文化的特征。在跨越透明玻璃桥时，有铁质的荷叶、荷花，给人一种在六朝园林中散步的感觉。在古朴的石头建筑遗迹边，一个盛开着艳丽花朵的盆栽被置于白色圆形屏风前，极富六朝审美情趣又和周边素色形成反差，有画龙点睛的效果。在六朝人杰展区的入口处则夸张地设置了万箭齐发的装置，用超现实的形式讲述六朝人所处的战争不断的历史背景，又或者是对诸葛亮草船借箭传说的致敬。

另外，最有趣的是在负一层展厅内可以感受到一束束自然光从一层的玻璃透进来，就好像“满天星”般。光束所到之处是古城墙，这光束似乎穿越 1 000 多年的历史从当代照进了六朝古都。

中央饭店

民国名流汇聚的老饭店

常去南京出差的王先生，每次都会抽空到中央饭店的餐厅喝一杯咖啡。他说，每次看着米字格的老式推门，他都会想象民国时期的名流从这扇铺满阳光的门里走进来。

中央饭店坐落在中山东路，是南京最具民国传奇色彩的饭店。每当人们路过中央饭店时，都会被它充满时代感的外貌所吸引。红白相间的外墙上充满古典的装饰，白格子的窗户布满墙面，外面有铸铁护栏阳台，中间的白色雕花阳台下有一个立柱门廊凸出在建筑外，门廊上用大写英文写着“CENTRE HOTEL”，即中央饭店。

推开门廊下的老式旋转门，仿佛打开了时光隧道，老派饭店的气息扑面而来。光洁大理石铺地，反射着门里透进的阳光。大厅里光线略显不足，充满着怀旧的昏暗氛围。木质家具摆在角落，欧式方柱上安着白玉兰似的古典壁灯。在一侧有一家红梅西菜社，同时也是一家咖啡馆。咖啡馆里充满民国味道，圆形招牌上印着民国女子的形象，推门装饰着米字形窗格，彩色玻璃做屏风分隔餐厅，木质吊顶上悬着铜质吊灯。

饭店客房走廊里还挂着许多民国名流的老照片，他们大都入住过这家饭店。自 1929 年营业以来，这家与总统府只隔了一条马路的饭店就成为城中最热门的高级饭店。蒋介石、宋美龄、张学良、周恩来、梅兰芳……曾经都是它的座上客。

据资料介绍，当时中央饭店内部设施极其豪华，有 200 多套客房，包括单人间、双人间和三四间一套的大客房，全部备有暖水汀、电扇和定做的标有“央”字标志的西式镀铬铜床、镶大理石面的柳桉木家具以及大沙发。除单人间外，其余房间都有独立的西式盥洗室。一层大厅设有时兴的弹子房、小商店、理发店、洗衣部和大型西餐厅，甚至还有一个拥有 4 辆汽车的租赁部。即使只有 4 层，饭店依然配备了进口电梯，在饭店的东西大门都有警察站岗。这样的排场如今是不能想象的。

历史已经远去，但这座红白老楼还在那条中山东路上。当你有机会走上它有铸铁护栏的阳台俯视这座城市时，就好像恍然间看到了民国名流的身影——他们推开旋转门，站在阳台上端起一杯咖啡……

三条巷

升级换代的美食街

在南京市中心，三条巷有着特别的气质。它是闹市中的一条小马路，却集结了地道的本地美食。它是原生态南京美食商业的代表，同时也有了新时代业态的点缀。在这里你能找到烟雾缭绕的草根美食，也能觅到外表光鲜的新时代咖啡吧。

你如果从中山东路拐入三条巷，会看到行人懒散地在街上穿行，他们大部分都是住在附近的本地人。两边居民楼下，街面上一家家餐厅排列着。巷弄里藏着一些民国老房子，

有的还是名人故居。不到饭点三条巷还是很安静的，一到饭点，尤其是晚上，街面上立刻就热闹起来。

三条巷最具传奇色彩的还是面馆，最多时街上有十几家面馆。这些面馆大都门面不大，装修朴实。附近“老南京”几十年来喜好的就是家常面馆里一口家常面的味道。这造就了三条巷里热气腾腾的面馆风景。附近的居民在这条街上就算顿顿吃面都可以不重样。

面店之外越来越多的特色美食也进入了三条巷。新鲜火辣的小龙虾、随时随地撸一串的烧烤、小清新的奶茶店……一众时兴美食令人垂涎。它们门面更为精致、现代，店里环境也更为干净、雅致。最令人惊讶的是，南端街上的一整栋大楼被改造成了 LOFT 式样的美食城——51 区。51 区用黄色的铁皮壳包裹外墙，三角形外星人招牌让人联想到科幻片。大量钢结构在 51 区出现，大幅彩绘出现在人们的视野中，绿巨人、变形金刚等年轻人耳熟能详的电影主人公形象在街区里矗立。每一家店面都用尽心思装潢，时髦的样式在 51 区层出不穷。西式烘焙、文艺咖啡店、潮汕火锅——一大批潮流美食入驻这个铁壳子似的楼房里。这里和北面朴实、简单的面馆形成鲜明对比。仅仅几步路，就好像跨越了几个时代。三条巷从烟火缭绕的草根面馆起步，最终迎来了创意为先的美食新时代。

梅园新村纪念馆

民国建筑里的国共往事

梅园新村可能是南京最出名的民国建筑，倒不是它的房子有多漂亮，而是因为它引出了一段民国往事，曾经决定了中国的命运。

这段往事便是抗日战争后的国共谈判。梅园新村位于长江路东段，民国时的总统府就在它西面的不远处。安静的大悲巷两边都是梅园新村的建筑，它们是民国时的新式住宅建

筑。大悲巷狭窄、安静，路两旁的大树几乎把天空遮蔽。比起热闹的长江路，这里就像是世外桃源。1946 年，梅园新村 17 号、30 号、35 号住进一批重要的客人，他们改变了梅园新村在中国的历史地位。

这批重要的客人就是参与国共谈判的中共代表团，其中包括周恩来、董必武等重要政治人物。从 1946 年开始到 1947 年谈判破裂，中共代表团一共入住了近一年时间。等他们再次回到南京，中国的政治局面已经发生了翻天覆地的变化。

为了纪念这个历史事件，梅园新村的相关建筑变成了纪念馆。从大门进去，一尊周恩来的铜像矗立眼前。铜像背后是高大的褐色砖墙，墙上爬满了绿色的爬山虎。爬山虎叶子中间还露出一扇扇浮雕式的老虎窗，大墙内就是纪念馆的陈列场所。巨大的中共代表团浮雕倒映在平滑的大理石地面上。浮雕之后便是一幅幅图片、一件件原物，向参观者还原了和平谈判的历史记忆。

走出陈列馆，对面的民国建筑是周恩来图书馆。四幢民国小楼里收集了大量与周恩来相关的书籍、文献、音像资料和照片，重点介绍周恩来的生平和思想。除图书馆和纪念馆之外，还有 30 号是中共代表团办事处原址，可以走进老式民国建筑里看一看当年的样子。而在 30 号边上的 31 号是当时国民党监视用的小楼，两扇玻璃窗正对着 30 号。

即便这几栋楼都逛完了，也不妨在安静的大悲巷走走。绿色梧桐遮蔽的天空下矗立着灰色的民国小楼。行走其间，斑驳的树影里充满着浓浓的民国味道。

1912

民国范儿的夜生活

喜欢过夜生活的人应该早就听说过 1912。这个以民国建筑群作为特色的吃喝娱乐地标正逐渐成为南京夜生活的一张名片，就像上海的新天地一样，它是老建筑焕发新生的一个模范。

1912 紧邻著名的总统府，在总统府的西侧和北侧形成一个“L”形的街区，街区里的 17 栋建筑都是民国风格的。而 1912 的名字也来源于孙中山在南京就任临时大总统的时间，可以说它和民国有着千丝万缕的联系。

白天的 1912 十分安静，除了路边巨大的雕塑和招牌，很难发现这里会是夜间热闹的娱乐地标。漫步其中，与一栋栋低矮的灰色建筑擦肩而过。实际上其中只有 5 栋是原有民国建筑。新建的建筑也大量使用了同风格的青砖铺面，只用白线勾勒轮廓，再无其他装饰。低调的灰色外观让建筑融为一体，就像一个沉稳的长衫老人，慢慢讲述民国的故事。

到了晚上，彩灯亮起，1912 又焕发另一种风貌。建筑外大都包裹着条形灯光装饰，广场上透明玻璃罩里展示着最新型的汽车，打扮时髦的妙龄女郎穿街而过，昏暗的露台里坐着三三两两聚会的人们，凭着桌上星星点点的灯光才能看清对面精致的脸庞。

靠总统府一侧墙壁下是成排的露天集市。一个个木质货摊上摆满了精致的小玩意儿。货摊对面大都是酒吧，越往北酒吧越多。酒吧街上空一串串灯珠好似星星一样点缀着黑色的天幕。时不时有酒吧吵闹的音乐传到耳际。这里大部分酒吧都是吵闹的俱乐部，只有熟悉的人才能找到一两家氛围不错的静吧。

1912 的喧闹一直要持续到后半夜才能结束，它越来越像一个时尚标签贴在总统府的边上。

会
1912 里的清静地

在 1912 酒吧街华丽的夜色里，“乳酪君”熟门熟路地向“会”进发。像所有路过这里的人一样，他免不了被掮客骚扰：“要不要去酒吧？”

“我们要去会。”

一听到这个酒吧的名字，掮客们居然就安静地走开了。

在一片闪烁的灯光和吵闹的音乐中，会安静地躲在角落，只在墙角留了一个黑底白字的灯箱招牌。走到门前，原本喧闹的酒吧街安静了许多。它有一条有趣的标语：我没有办

法和他们一起 high。的确，和周边音乐震天的俱乐部还有身姿摇曳、灯光闪耀的舞池相比，这里更为低调、沉静。会就好像是一个安静的诗人走进了斗兽场，格格不入又楚楚动人。

这是一个不轻易 high 起来的专业威士忌酒吧。门面小，店堂更小。细细的一条长走廊就是它的所有。吧台在最里面，吧台下放着四五张酒吧椅。此外的空间放了四五张沙发就填满了。吧台里帅气的调酒师上下摇着银光闪烁的调酒壶，不一会儿就给吧台上的客人倒上一杯色彩斑斓的鸡尾酒。酒吧里弥漫着爵士乐的动人旋律。调酒师认真调酒之余也会和客人聊天。初来乍到的客人坐在稍远处的沙发上，美女服务员也会亲切地上前推荐酒水，像是许久未见的老朋友。

还有懂享受的“成功人士”躲在角落，他们为单一麦芽而来，晶莹剔透的冰球外包裹着棕黄色的酒水。威士忌爱好者拿起酒杯转一下，然后小酌一口。

如果觉得威士忌太烈，既好看又好喝的鸡尾酒是你可以浅尝辄止的好选择。“富士山”是这里的招牌，“蓝色蒂她”稍有酒味，酸酸甜甜，最适合不太能喝酒的女生，“冰岛红茶”则是酒味和口感皆出众的经典鸡尾酒。

坐在酒吧里，每个人都会自觉低声轻语，他们都专注于酒的品质和彼此间的交流。在 1912，你也可以安静地喝一杯好酒，如果你没办法和他们一起 high。

南京博物院
中山陵

一座山有时候就是一座城。一座南京城有多老，就有多少烟雨在钟山。

板仓街
龙蟠路
北安门街
紫金山
金陵书苑
中山植物园
永丰社
中山陵
灵谷景区
明孝陵
美龄宫
明故宫遗址公园
南京博物院
午朝门公园
明故宫
沪蓉高速
中山门大街

从明朝到民国离不开一座山

从三国东吴偏居一隅的王朝到明朝的开国皇帝朱元璋，再到被尊为中国民主革命的先行者孙中山，多少豪杰湮没在崇山峻岭中。白骨化作春泥，夕阳之后青山依旧。

钟山又叫紫金山，位置极佳，北靠长江，虎视金陵。几代帝王，几世庙堂，都落于山上。六朝往事就沾染在钟山雨露上，俯拾即是。然而帝国往昔不止于山上，山下午朝门打开了旧日城郭的记忆。御道尽头雄伟的城门还在显示明朝的雄壮，只可惜自南向北，昔日的故宫仅剩星星点点的石杵、石基。昔日帝王家已是百姓游乐园。

完整的南京历史还是要钻进南京博物院里好好看看。这个雄伟的博物院用丰富的展品重现了古都辉煌，长江流域文明亦在一院中览尽。

从故宫到博物院，会让你对南京有全新的认识。这时再上钟山恰如其分。小如美龄宫、永丰社，大若中山陵、灵谷、明孝陵，哪个不是江山多娇，传奇不断。封建帝王的陵园大气磅礴，当年王朝可窥一斑。孙中山长眠之地肃穆、庄严，舍去浮华，只留警世钟于后人。

再漫步中山植物园，山林秀气扑面而来。真正的林荫里人们陶醉在充足的氧气中，满眼的绿色舒缓了紧张的神经。再接再厉，爬上钟山巅。在天文台里仰望苍穹，在山顶公园里俯瞰群山和城市，在山林步道里享受亭台之美。最后下得山来，走进城中书苑，金陵文脉在书桌上传承，六朝荣辉在捧读者中延续。

午朝门公园

午门之后无皇宫

南京御道街尽头的松柏下，有一道高大的城门，这道门就是午朝门，也就是我们所熟悉的午门。午朝门后就是明朝最初建立的故宫。南京故宫的建立早于北京，是北京故宫的蓝本。所以你熟悉的北京故宫午门其实参照了南京午朝门。南京明朝故宫旧址跨中山路南北，现在以中山东路为界，南面设为午朝门公园，北面设为明故宫遗址公园。

午朝门公园的游览线路最好是从南面开始，因为午朝门是刚好在最南面的城门。青色的城墙穿越 600 多年的时光，用依旧矫健的身姿来诉说当年帝国的兴盛。劫后余生的城门还是那么稳重、古朴。红色大理石台基上的花纹雕刻还清晰可见，门洞下的大道被踩得光滑如镜，青砖上披着一片片青衣，缝隙里迸发出娇嫩的绿芽。

踩着光滑的花岗岩走过去。城门那头是一片绿色松柏，松柏下的玉带河在流淌，金水桥横跨而过。斜阳的余晖洒下，给冰冷的石础遗迹披上暖暖的金黄色。走近细看，会发现盛极一时的城门、宫殿只剩下冰冷的石刻。造型别致的石狮子被圈在铁栏里，孤傲地注视着来客。

令人意外的是，尽头的龙壁上龙纹还是那么清晰，就好像昨天才完工。它似乎在为朱元璋的王朝做物证，但已经没多少人在意。早晨伴随着清脆的鸟鸣，周围的居民都聚在龙壁周围，遛鸟的、锻炼的、唱歌的、跳舞的，好不热闹。只有那些石础遗迹还是那样安静、孤冷，几百年不变。午朝门后是百姓的公园，但公园里没有皇宫……

明故宫遗址公园

昔日帝王宫，今日百姓躺

和北京一样，南京理论上是有皇城根的底蕴。这皇城就是明故宫。在地铁明故宫站外的中山东路往北望，一座金色琉璃瓦顶的砖木建筑最为醒目，那便是明故宫遗址公园的南门了。

当年朱元璋定都南京，应天府便开始了皇宫的建造。20多万名工匠历时20多年的建造，终于，“中世纪最雄伟的宫殿建筑群”在南京拔地而起。当时不可一世的新王朝用面积超过100万平方米的“世界第一宫殿”向世人宣布新的时代到来了。

然而纵使新王朝能盛极一时，终究也要像树叶一样知秋而落。古老的宫殿像王朝一样没落了，在大自然和人类的双重打击下，宫殿早就灰飞烟灭了，昔日高墙金瓦无不封存在历史的记忆中。又或者可以从北京保留至今的故宫中找到它的影子，毕竟北京故宫的蓝本就是南京故宫。

湮灭后的明朝故宫仅存的遗迹就在中山东路南北两侧。北面重新修起了几座大殿，平地里种上了绿草，这就是明故宫遗址公园。走进大门就是空旷的平地，昔日的皇宫早已成了广场和绿地。若不是黄色琉璃瓦的殿宇建筑重新筑起，谁能想到这里曾是皇宫。草地上的假山石头标记出了原有宫殿的格局，不过昔日殿宇现在也只不过是一方绿地。草地上硕大的石础是宫殿最后的遗存。一个石础足有一个八仙桌那么大，一尊又一尊地立在草地上。不难想象，如此粗壮的石础撑起的殿宇必定也是规模宏大的。有趣的是，附近的老人、小孩是最乐于享受皇宫遗迹的人。尤其是老人，许多都喜欢平躺在石础上。作为小孩们的乐园，遗址公园里居然也做起了音乐摇椅的生意。除了老人、小孩游乐，公园空旷的平地上还时常搭棚卖书。

公园是标准的长方形，两头大门处各有一座中式殿宇建筑，十几分钟就可以走完。但看着平躺的老人、坐摇椅的小孩，不得不感叹：昔日皇帝金銮殿，今日平民游戏场。

南京博物院

千古金陵一院中

每逢节假日，南京博物院门口就排起长长的队伍。这个宏伟的博物院一直是人们亲近南京的最佳方式。如果初次来南京，从这里开始你的旅程是不会错的。

南京博物院位置不错，在总统府、明故宫以及钟山风景区一线的中间位置。它展示的内容联系着南京上下几千年的历史脉络。南京博物院承袭自民国的中央博物院，是中国三大博物馆之一。当你走进博物院，开阔的广场和雄奇的建筑无不体现了它的地位。

南京博物院布局十分规整。博物院正中间是平整的文澜广场，广场中间是绿油油的草坪，草坪的正中是一方水池。水池平静的水面如镜子般倒映着中央风格夸张的荷花装置。在奇怪的银色荷花背后，广场的尽头是一座风格古朴的建筑——南京博物院的大殿。这个布局是民国时设计的，大殿也几乎是民国时建成的。这座大殿和其他民国建筑中仿明清的不同，它效仿的是辽代建筑，其蓝本是辽宁的奉国寺。大殿 7 开间，屋面为四面曲面坡的四阿式，上铺棕黄色琉璃瓦。大殿斗拱简洁明快，和明清重装饰性的复杂结构斗拱有着明显区别。

在大殿的边上还有一批现代风格的建筑，通过中式的长廊和大殿连通。其实大殿之外的大部分建筑都是中华人民共和国成立后 50 年时间里陆续建成的。所以南京博物院既是民国设计的延续，又是中华人民共和国建设的成果。

现在大殿是最主要的陈列厅，官方名称为“历史馆”。历史馆的陈列内容丰富，从江苏考古到长江中下游文明，再到整个中国文化，3 个层级递进展示。而另一侧更现代的建筑则取名“艺术馆”，内容更丰富，瓷器、青铜、玉器、书画、民俗等，共有 11 个分门别类的展馆。

展示空间广阔的南京博物院里有超过 42 万件藏品。国宝级或国家一级文物超过 2 000 件，上至旧石器时代下到当代文物都有涉猎。而且不只局限于江苏地区，宫廷传世、各地考古发现的文物都有。在或复古或现代的陈列厅里穿梭，每个人都仿佛游走在文化历史的长廊中。尤其是江苏、南京的文明历史一览无余，千古金陵可谓尽在“一院六馆”之中。

美龄宫

远东第一别墅

在中山陵和明孝陵两大陵园的夹击中，美龄宫是小巧、精美的存在。人们踏着山林里的林荫道走进这座森林里的中式别墅，方能见证“梧桐项链”里的民国最高级别官邸。

和两座开阔、雄伟的国家级陵园不同，美龄宫只是绿色中的一小栋别墅。但这并不妨碍它有着别样风情和传奇般的故事。美龄宫所在的高地是钟山里的小红山。它是民国时的

“国民政府主席官邸”，一竣工便有了“远东第一别墅”的美誉。起初它是前往中山陵谒陵的高级官员下榻之所。抗日战争结束后，蒋介石才住进去。宋美龄也因此出入此地，经常在这里做礼拜。“美龄宫”便由此而得名。

美龄宫是一座美丽的建筑。走过梧桐树林立的大道，建筑山门开在大道尽头。大道在门前分岔，向左右分开环绕着美龄宫形成一个环形，这是美龄宫的经典设计之一。环绕的梧桐树道路从空中俯瞰像一条项链，而美龄宫就是项链上的一颗绿宝石。

走进山门，还要走一段上坡台阶才能到别墅。站在阶梯上仰望，树叶之间露出别墅的绿色琉璃瓦、土黄色几何图案外立面和米色砖墙。走完阶梯，三层宫殿式的建筑才露出全貌。中式的重檐最为醒目，高高低低地出现在外立面上。钢混的外立面又分明恪守西式建筑的精髓。从正面看，建筑左右对称，四方中正、简洁明朗的外观的确有几分“帝王气”，充分展现了民国建筑中西合璧的特色。

在正门前人们忙着拍照，门廊边停着一辆复古的黑色老爷车，同样吸引了不少游客。拍完照后人们纷纷踏进了美龄宫。宫里的陈设大部分是按蒋宋居住时的样子恢复的。从办

公到起居，甚至取暖、做饭等细节都有恢复和展示。除了生活场景的复原，美龄宫专门抽出相当大的空间用以展示宋美龄的历史。最有趣的是用照片、画作、遗物等展示了宋美龄学国画的历史，让大部分人对宋美龄又多一层了解。

在宽广的餐厅里，窗下设置了咖啡厅。游客们也能像当年的宋美龄一样，欣赏窗外风景的同时喝上一杯香浓咖啡。在楼上的一间房里，先锋书店还开设了分店。这家以文史为主题的分店非常应景，也是体味民国历史风情的好去处。

走出美龄宫，不妨沿着花色岩石围墙转一圈。在寂静的步道上到处是这座优雅建筑漂亮的细节，也许当年蒋宋也是这样漫步在钟山的“梧桐项链”中。

明孝陵

仅存的古都气象

既然南京为古都，自然应该有些帝王气息。然而今天的南京无疑更像一个现代化的商业城市，古都风貌寥寥无几。若是要寻觅曾经帝王家的风华，恐怕只有明孝陵才能填补这个空白。

明孝陵是明太祖朱元璋与其皇后的下葬之地，在钟山南麓独龙阜玩珠峰下，可谓是中国规模最大的帝王陵寝之一。造陵园的工程从朱元璋生前持续到死后的第 7 年方才结束。

陵园延续了唐宋规制，还有所增益。当时南朝的七十所寺院有一半被围入陵园内，陵园内还曾养着千头鹿。在明朝时这里一直有重兵把守，甚至到了清朝仍旧有官设的守陵人。

可惜的是陵园的木结构建筑大都毁于战火，千头鹿也早已不见踪影，万株松柏倒依旧长青。所幸的是从下马坊到四方城再到神功圣德碑……凡是石头构建的都还屹立不倒。因此今天的孝陵从大框架上看和明朝那些年看到的差不了多少。登上城楼举目眺望，孝陵风景依旧尽收眼底。

明孝陵的游览还不只是孝陵本身。南面的孙权墓甬道上布满石像，古朴圆润的造型和此后的明朝遗迹有着鲜明的“代沟”。尤其在金秋时节，鲜红的、深黄的树叶挂在古朴的石像上，是南京著名的秋景。若是到了冬季，甬道北侧的梅花山则是赏梅的好去处。高耸的四方城外还有以明孝陵博物馆为中心的文化园静候游客到来。

孙权墓的甬道、孝陵屹立不倒的城楼、新建的古都文化园三重风景线依次错落在玩珠峰下。这是南京最有韵味的古都文化体验，每个人在这里都能品味到古都的帝王气息。

中山陵

跟着人流看国父

钟山的梧桐树下，一列又一列复古电瓶车把游客送到中山陵门前。踩着落下的梧桐叶，人流朝着同一个方向前行，随着人流你便自然而然地来到中山陵。

游中山陵是来南京的游客一个必须完成的任务。不管是跟着旅行团，还是自由行，每个人似乎都要前来拜谒中山陵。中山陵的旅程从登台阶开始。蓝色琉璃瓦的牌坊下，人们跨过“博爱”的匾额开始登台阶。

台阶步道笔直而上，中山陵主要建筑和陈设尽在此路。最南边是孝经鼎，往北依次为墓道、陵门、碑亭、石阶、大平台、祭堂、墓室等建筑。若是从空中看，中山陵是一口钟的形状，取“自由钟”“警世钟”的意思。墓道上通常人头攒动，越往后地势越高，台阶也越多。人们走走歇歇，能有时间细看眼前的建筑。中山陵的建筑并不华丽，大都是中式建筑，但是为钢筋混凝土结构。外立面呈现的是花岗岩的灰白色，顶上都是蓝色琉璃瓦的歇山顶，也许是象征着“青天白日”吧。陵门上书写有“天下为公”的匾额。匾额下，中间的拱门通常是关闭的，游人需走两边小拱门。其后的碑亭是重檐顶，显得更复杂些。碑亭里的碑文极其简单：“中华国民党总理孙先生葬于此，中华民国十八年六月一日。”值得注意的是，碑文中用的头衔并非国家级别而是国民党级别。

碑亭之后台阶突然陡了起来，喘着粗气的游客们接着往上爬，来到了最后一座建筑物——祭堂。如果仔细数来时的台阶，从博爱坊到祭堂正好 392 级，据说象征着当时全中国 3.92 亿人民。你再回头看，走来的路一共有 8 个平台，这则象征着三民主义和五权宪法。

转头看祭堂，同样用花岗岩和蓝色琉璃瓦顶做装饰。中间底下一大两小 3 扇拱门。拱门和门楣上满是镂空雕花。门之上 3 个横匾各书“民族”“民生”“民权”，横匾之上一块竖额上刻有孙中山先生书写的“天地正气”4 个大字。

祭堂的正中是孙中山坐像，白色大理石制作，浑身上下洁白如玉。在中山陵最后要瞻仰的就是这座大理石像。游客要入祭堂还要从东侧排队进入，然后绕坐像一圈，再从西边小门出。游览路线单循环不可逆。边上有卖菊花等祭祀用品。在游览坐像时，别忘了看坐像基座的浮雕，描述的是孙中山的革命活动事迹。四周墙壁上还刻着孙中山手书的《国民政府建国大纲》。

祭堂北面有一扇大铜门，铜门里是孙先生下葬的墓室。可惜的是自从中山陵免费开放以后，大部分时间墓室大门紧闭，一般游客无缘得见。墓室虽然看不到，但陵园四周其他景点游客倒是可以去看看。音乐台、光华亭、流徽榭、仰止亭、藏经楼、行健亭、永丰社、永慕庐、中山书院等建筑众星捧月般环绕在陵墓周围。它们和陵园形成统一的基调，大都是名家杰作，有着极高的艺术价值。

永丰社

中山陵里的书卷气

当你去往中山陵瞻仰孙中山先生时，可曾想到还能在青山绿意中来点书卷气？先锋书店让这变成了现实。

这次先锋书店来到了中山陵的永丰社遗址。永丰社原是给上山祭拜的人们歇脚用的，在抗日战争中毁于战火。1993 年恢复后，人们才看到原来它是一栋红柱白墙、圈棚顶的民国建筑。

现在先锋书店打造下的永丰社是一个书卷气十足的小院子。院子里石板小径通往民国风格的建筑，四周芳草萋萋。陪在古典建筑旁的是一面“悬浮”的书架，书架后有一个惬意的木地板平台，是永丰社浪漫的露天座。

老式建筑里的永丰社一进三开间，其实不大。它的亮点在于用诗人名字命名的诗房。诗房里有旧式的书籍、年代久远的钢琴、沾了灰尘的图画，甚至还有普希金吹过的军号。每一间诗房都有自己的诗人，他们是俄国的普希金、智利的聂鲁达、阿根廷的博尔赫斯和俄罗斯的茨维塔耶娃。每一个房间里的色调都与诗人相匹配，比如普希金诗屋的色调是红色的，象征着诗人的热烈奔放；聂鲁达诗屋的墙壁则涂成蓝色，寓意这位智利诗人是“大海的儿子”。

就这样，过去歇脚的房子如今充满了诗意，在一片绿色和肃穆中增添了难得的书卷气。

灵谷景区

第一禅林的千年古意

中山陵往东的灵谷景区是大部分游人领略钟山风景的最后一站。这里以千年古刹为核心保留了上千年来历代建筑遗迹。人们常常因为明孝陵、中山陵占据大部分旅程而舍弃这里，但实际上这里是南京为数不多的保有千年古意的地方。如果你是一个喜欢探古寻幽的人，那这里绝不是可有可无的一站。

灵谷景区的核心是灵谷寺，从布局上来看，寺庙建筑在灵谷景区的西侧，这是一座真正的古刹。早在南朝时期此地已有寺庙，而且和济公和尚原型有关联，到了明朝，朱元璋正式赐名“灵谷禅寺”，并封它为“天下第一禅寺”。当时的灵谷寺位列三大寺院之一。

时过境迁，现在的灵谷寺规模并不算大，但古迹不少。古迹最密集的地方在寺庙东侧。在其东侧一条中轴线上依次排列着山门、无梁殿、松风阁、灵谷塔。游客的游览线路大都也是先沿着这条中轴线进行。

在这条中轴线上首先看到的是山门。山门通身红色，唯有顶上琉璃瓦是绿色的，3 个大拱门排列在红墙中间。门上挂着匾额——灵谷胜境。这个山门看上去像是地道的古建筑，其实是民国时期仿造的。包括门前的石狮子，也是民国时建造阵亡将士墓时捐赠的。

民国仿古建筑是灵谷景区的一大特色。景区里有大片陵园和墓地，甚至牌坊和楼阁都是民国时期为纪念国民革命烈士建造的。现在山门之后的阵亡将士牌坊、松风阁、灵谷塔等建筑无一不是那时的遗存。虽然它们样貌是中国传统建筑，但内里却是钢筋混凝土。

真正值得仔细看的古迹是无梁殿。它是中轴线上唯一的夹在一批民国复古建筑中的明

朝建筑。尽管民国的复古建筑很得要领，但一旦你见到无梁殿便能一眼看出它要老得多。这座黄色的建筑有 2 层屋檐、5 开间拱门、3 个喇嘛塔。无梁殿浑身上下都是土黄色的，墙上写满沧桑。它没有梁柱，全用砖石垒砌，这就是它名字的由来。

在灵谷景区东西两侧的丛林里隐藏着寺庙、古塔和破败的墓地。有些建筑只剩下石头框架，部分奇怪的石兽也被“斩首”了，但精妙的细节还留在残垣断壁上。一片萧条中你不免要揣测完好时的建筑是什么样。

中轴线的最后是灵谷塔，在领略了不同时代的古建筑和废墟中的奇怪残垣后不妨爬上这座塔。从高耸的塔上可以俯瞰灵谷景区。在绿色环绕中古建筑的琉璃瓦闪着耀眼的光，在重叠的山峦中古典的坡顶神奇地露出来，在夕阳下构成一派中国特色风光。

中山植物园

鸟语花香的钟山生态世界

中山陵的西南面，钟山山脚下的绿野是体验钟山良好生态的好地方，那里是中国第一个植物园——中山植物园，始建于 1929 年。

在中山陵建成之后，中山植物园就作为陵园配套的纪念植物园向公众开放，中山植物园就此成为中国第一个植物园。至今中山植物园仍是中国四大植物园之一。植物园占地面积 186 万平方米，园内设有观赏植物中心、药用植物中心、植物信息中心、植物迁地保护重点实验室和华东地区最大的植物标本馆。

从绿意盎然的植物园路走进植物园，你会发现整个植物园分南北两区。以植物园路为界，路北为北区，以保护、研究、利用中国中亚、北亚热带植物为重点；路南为南区，是以热带植物宫为中心的植物博览园。

北区是老植物园，民国时就已建成，是中国中亚、北亚热带植物研究中心，拥有专类园（区）10个。这里植物茂密，还有大片草地。因为有着民国建设的历史，至今在草木花卉中还能看到民国建筑的身影。大道深处红墙、绿瓦两幢大楼很气派；小池塘上水榭飞檐倒映在睡莲巨大的叶子旁；重檐六角亭躲在一片红枫中；小拱桥隐隐架在小溪上；郁金香花丛里的荷兰风车、大草坪上的欧式园亭带来海外风情。孙中山头像安放在大草坪上，告诉人们植物园和中山陵的关系。桥趣乐园里孩子们在勇闯各种独木桥。民国大房子里最大的标本馆展品令人眼花缭乱。

南园是新建的区域，按照景观侧重点分为11个区域：热带植物宫、禾草园、盲人植物园、红枫岗景区、盆景园、蔷薇园、药物园、松柏园、树木园、植物分类系统园、自然小径—南京中山植物园自然教育区。相比北园，南园有宽阔的湖面，水生态更丰富，还有令人心旷神怡的湖景。湖边的热带植物宫像是湖上泛起的巨大绿波，是最受欢迎的游览区之一。宫里娇艳的花卉、巨大的植被、逼真的热带生态令人大开眼界。

钟山自然生态极好，即便是在植物园外的大路上走走也是一次“吸氧”之旅。往西过了停车场还有琵琶湖，也是风景秀丽，一派湖光山色。游走在植物园和周边，沉浸于绿色树海，所有烦恼都会抛在脑后，得到片刻安宁。

紫金山

山间漫步，精彩到顶

紫金山其实就是钟山。前面所介绍的中山陵等景点都是钟山上的，也就是紫金山上的，它们大部分在钟山东侧。而我们这里所说的紫金山，实际上指的是以紫金山天文台和头陀岭为核心的西线登山线路，并不是指整个紫金山。

和之前钟山上的景点不一样，这条紫金山西侧的登山线路上的景点没有那么浓重的商业气息，相反它们充满了野趣和不确定性，登上紫金山之巅更是叫人心旷神怡。

这段旅程的起点我们安排在岗子村。这里不仅有轨道交通，而且沿着北安门街走不久就能发现一条隐秘的山间小路通向紫金山。更神奇的是，在这条小路边你会遇见明朝功臣仇成和常遇春的墓。它们几乎就是两个山野间的荒墓。唯一不同的是，它们有气派的石像、石兽看守，和明孝陵的风格极为相似。穿过重重竹林，几百年前的石像就会与你相遇，这感觉神奇极了。

走出小路便有了开阔的公路。公路边有一个天然湖泊，夏天时湖泊边会聚集一批游泳爱好者。如果你带着泳衣不妨下水游几圈，水是碧绿的，非常干净，唯一欠缺的是没有更衣室。

此后你有两个选择，要么坐索道上山，要么步行上山。其实步行是不错的选择，路不算长，一直有宽阔的石板路。许多大人都带着孩子来徒步，山路上也常有人停下来眺望城

市风景。不管怎么上山，天文台是不能错过的。紫金山天文台早在民国时期就已建成，它是中国近代天文学的起点。这里能看到与中山陵风格接近的毛石建筑，还有太平天国的城堡遗址。天文台里有硕大的天文望远镜，另外布置着天文科普录像、图片和天文邮票等。室外院子里还有一个铜制的古代天文仪。2016 年天文台开始重新修复，到 2017 年 10 月才重新开放，所以现在登山看天文台会有崭新的面貌。

别过天文台，再一路上山就直奔最高峰去。最高峰西侧的头陀岭上有一个平台，平台上有多层观景平台。远眺山下，紫金山天文台白球状的建筑点缀在绿色山巅上，山下的玄武湖清晰可见，远处的长江像一条黄色带子围绕着楼宇林立的城市。下山路上也有多处古迹，自然山景、古朴建筑让人留恋。你甚至可以去往钟山风景区的东面看其他景色。真是无数风光在险峰，就看你肯不肯攀登了。

金陵书苑

民国风的阅读空间

刚放学，晓晓就跟着妈妈来到太平门街附近的一家特色书店。母女俩会在店里小坐一会儿，读一本书，喝一杯饮料。这个让母女俩惬意阅读的地方就是金陵书苑。

南京是个书卷气浓郁的地方，书店、书吧等阅读空间空前发达。金陵书苑在其中也是最值得探访的一个阅读场所。书苑在位于市中心的太平门街上，虽处市区，但不吵闹，颇有闹中取静的味道。店面很大，足足有四五开间。和边上商铺的现代风格不同，金陵书苑

从门面开始就有一股民国气息。大门和落地窗都带着拱券，拱券下有白色装饰。门上招牌特地做了欧式的立柱护栏。推开门屋里都用青砖贴面装饰。天花板上垂下黑色铁艺吊灯，几盏蜡烛似的电灯微微地点亮店堂。大铁框窗下阳光最为充足，把屋子照得明暗分明。卡座上都是清一色老式红色沙发，让人想起民国时的咖啡馆。

走廊边上有半人多高的书架，另外最靠里的一面墙也全安装了书架。这里有成套的《金陵全书》《南京地名大全》《金陵物语》等一系列与南京相关的书籍，也有各个时期的南京老照片、老地图。

大部分藏书都是南京出版集团出版的。按该集团的设想，在这里阅读是公益性的，也就是说可以免费阅读。墙面上还贴着许多图书目录，可帮助客人找到图书。取一本南京老书，读一段南京故事，在民国风的金陵书苑里人们又重新阅读南京。

玄武湖
明瓦廊美食街

这里是南京的市中心，城市里跳动着强劲的商业脉搏。高楼大厦林立的CBD、新颖的商业广场、高格调的咖啡馆、小资的餐饮区、不可一世的奢侈品，在城市的商业世界里一切都披上了华丽的外衣。

内环北线
玄武湖
狮子桥
中山北路
龙蟠路
板仓街
明城墙台城景区
UNIUNI（凯瑟琳广场店）
鸡鸣寺
北京西路
北京东路
北安门街
鼓楼公园
南秀村
东南大学（四牌楼校区）
南京大学（鼓楼校区）
STANDINGROOM COFFEE
广州路
珠江路
后宰门街
新街口
汉中路
中山东路
内环西线
内环东线
明瓦廊美食街

湖光里的大学时光

让我们先去漂亮的玄武湖感受湖光山色的轻松惬意。跟随着老人的舞步、听着江南戏曲的丝竹在湖滨和岛屿间穿梭，走着走着你在玄武湖的西南角就看到了城墙。台城高大开阔的城墙上有几百年的历史积淀。一块小石板或许就是冷兵器时代最精致的器械。斜斜长长的城垣上视野开阔，望一眼玄武湖的宽广，心境也宽阔了。

一个奇妙的设计——台城和鸡鸣寺连在了一起。这个漂亮的寺庙顺着小山而建，一栋栋古典楼宇好像一步一步爬上了青山。

在市中心的山水与城庙间戏耍后，陡然闯进商业区。曾经兴盛的狮子桥带着过往的余温在步行街上展现南京美食的魅力。几个本地老字号依旧经典，后续进入世界各地的美食让人应接不暇。或许你可以熬到夜晚，从咖啡切换到酒精，泡一泡城里最潮的酒吧。

在广场南面大学氛围的带动下，街区充满了人文气息。四牌楼的东南大学、鼓楼的南京大学用古朴建筑和恬静校园给你带来了近代学府的记忆。高大的梧桐树渲染了校园街道，春夏的生机和秋冬的萧条都由它指挥。

跳出大学的安静，最后投入城市最活跃的商业区——新街口。也许切换得太快，你不得不马上接受高楼大厦和如潮人流。你从四通八达的地下通道走上华丽的商业街。无处不在的商场满足了新世纪消费主义的需求，明瓦廊热气腾腾的炉灶满足了平凡白领们味蕾的追求。

玄武湖

人人爱的皇家园林

要说南京人最喜欢哪个湖，无疑是玄武湖。每天成千上万的南京市民拥进玄武湖边。跑步的、散步的、练剑的、练舞的、卖艺的、拍照的……无论何时何地，南京人总能找到去玄武湖的理由。

玄武湖东边靠着紫金山，西边紧挨着城墙，北边是南京站。这是一个极其开阔的公园，堪称江南最大的城市公园。这也是一个历史悠久的公园，人人爱的玄武湖六朝时就是皇家

园林，再往前追溯可以有 2 000 多年的历史。在历史长河的沉淀中，玄武湖是风景胜地，亦是文化名胜。

玄武湖上有五洲，即在湖上有 5 个小岛。每个岛上都有不少风景，岛之间都有桥相连，并有 3 个不同方向的出口通往湖岸。湖的外围有环形步道可以绕湖转一圈。从六朝开始玄武湖就评出了十景，每个景色还配有诗一首。实际上公园景点绝不止 10 个，星星点点密布在环湖路和五洲之上。古色古香的建筑时不时地出现在树林中。细长的绿荫道上行人散步在斜阳里，瀛洲的莲花池边满是看荷花的游人，情侣划着船穿过桥洞，东北面紫金山上秀丽的宝塔倒映在湖水中。帆船运动员驾着帆船出港了，一片片三角白帆飘动在绿色湖面上。到了夜晚，流浪歌手借着路灯的光在路上一展歌喉。爱运动的人们大汗淋漓地从散步的行人边跑过。等城市灯光点亮后，湖面上泛满灯火，璀璨高楼倒映在波光粼粼的湖面上，一派城市不夜天的风光飘然而至。

玄武湖的缺点是太大了，打开方式太多了，游览的头绪不知从何而起。如果有时间，玩好几遍也绝不过分。不管你怎样到达，怎样离开，你都不会失望。唯一的遗憾是每次总觉得错过了什么，不得不惦记着什么时候再来一次。

狮子桥

南京口味一览无余

狮子桥在南京是如雷贯耳的一个名号，可以说它是南京最老牌的美食街。尽管在日新月异的今天，狮子桥略显老态以及过于商业化，但它丰富的老字号还是能让来客很轻易地了解到南京人真正的美食品位。

狮子桥是湖南路上的一个商业步行街，其开阔的路面与其说是街不如说是广场。狮子桥历史悠久，至今已经走过 1 600 多年光景。据考证，过去这里的确有河，河上有桥，桥头立着狮子。而今这些都已湮灭，只留下一条灯火通明的美食街和狮子桥的地名。

原来狮子桥对面还有一条灯光隧道，如今也灯灭人散，很冷清。狮子桥尽管同样经历风雨，但还保持着较高的人气。狮子桥街首矗立着青石大牌坊，牌坊上满是雕刻。牌坊里灯火通明，灯火深处排布着林林总总的餐馆，从最普通的快餐店到赫赫有名的老字号应有尽有，南北美食、异国风味不一而足。每一家店都喜欢用巨大的灯饰和招牌，这些闪烁的灯光把花岗岩路面照得通红。景观喷泉、花盆、别致路灯和休闲椅把这里装扮成休闲旅游地。铜铸的民俗雕像更是带来了老南京的风土人情。

狮子桥的美食以几个老字号和大酒楼最为吸引人。狮子楼的狮子头、南京大排档的本地菜、尹氏鸡汁汤包的皮包水一直是南京人的心头好。而今的狮子桥更趋于多元化。北方的糖葫芦、台式的奶茶、欧式的可丽饼、港式的鸡蛋仔，这些吃食更受年轻人欢迎。平价的傣妹火锅和灯火闪亮的海鲜烧烤、流行的小龙虾同台打擂，更显示出狮子桥口味的多元化。总之狮子桥就像是南京美食的一个博物馆，凡能见证它繁华的人，自然会领悟到南京美食的精华。

明城墙台城景区

在城墙上俯瞰湖光山色

在鸡鸣寺的北边，有一段高高的城墙把鸡鸣寺所在的山麓和玄武湖隔开，这一带的城墙呈现出有趣的“T”字形走向，人们称呼这里为台城。这一带城墙是除了中华门以外可看性最强的城墙。

所谓台城并不是明朝的，而是指更早的魏晋南北朝时期皇宫的所在地。实际上那一时期的台城早就湮灭，现在习惯上称之为台城的一段城墙是附会了六朝台城，但这倒不影响这段城墙的精彩。

台城的城墙以解放门为中心，东、西、北三个方向都有城垣，形成一个三岔路一样的城墙走势。登城墙的入口在解放门稍北面的地方，入口石阶的城墙下建了一个城墙文创展示中心。于是青砖城墙上开出了好几个带拱券的门和窗，窗上还有球形遮阳棚。这让明城墙有了民国风。

走上城墙，最先到达的是靠着玄武湖南北走向的城墙，城墙上放着排水槽等城墙文物做展示。往南城墙渐渐抬起，最终通到解放门。远看解放门可以清楚地发现，中间门拱一段是钢混结构的，门拱两头的城墙又恢复到青砖、条石垒砌的旧模样。

解放门城墙的门楼里还藏着一个明城垣史博物馆。博物馆并不大，只有零星的文物，其他多是图片和沙盘。即便如此，在讲解员精彩的解说下，几个外国客人还是听得津津有味。

出了博物馆，东西两头都能踏足。东西向的城墙上架设着许多大炮、投石器等守城武器，给单调的城墙增添了一些趣味。更有趣的是解放门往西的城墙，这段城墙上竖立着巨大的奥运五环标志。再往西，还可以看到鸡鸣寺和城墙相连的山门。

台城上最美妙的是俯瞰风景。往北看玄武湖尽收眼底，远处还有葱茏的山体绵延。尤其是视线转向东时，钟山的山势更为雄健。这里的风景可谓诠释了湖光山色的含义。如果往南看则是民国建筑和现代建筑交替出现的城市风景线。往西看绿树环抱着的鸡鸣寺好似一幅山水画。明城墙台城景区的美就在这四面八方中，湖光山色间城墙的雄健身姿更多了几分英气。

鸡鸣寺

南朝第一寺

鸡鸣寺的地理位置非常好，北面就是玄武湖和明城墙，西面有一个北极阁公园，可谓有山有水。

传说鸡鸣寺所在的鸡笼山一带三国时就是著名道场。而鸡鸣寺的前身可以追溯到六朝南梁的“同泰寺”。据说同泰寺当时居于“南朝四百八十寺”之首。不过现在的鸡鸣寺建

筑主要传承于明朝，是朱元璋亲自下令建造的，因此明朝时鸡鸣寺规模宏大。今天人们所看到的鸡鸣寺规模已经大大缩减。

鸡鸣寺建筑格局十分有趣。山门就在鸡鸣寺路边，但高出地面几米，要踩好多级台阶才能到门前。山门之后天王殿在右手方向的山上，又要拾级而上才能到达殿宇。整个寺庙就是这样一层层地往山上排布。从远处看，青山绿影之中一层层黑瓦顶相叠着，翘起的屋檐一个接一个地从树丛里飞出来，最上方一座宝塔镇住整座山麓。整个寺庙构图仿佛一幅中国山水画，错落有致，若隐若现。

沿着石阶往上走，左、中、右佛殿就在眼前。其中还有非常大的素食餐厅，餐厅里甜蜜蜜的豆腐花是不错的小吃。最后佛塔下的塔院是个开阔的平台，这里能仰视佛塔，也能俯瞰山外风景。值得一提的是，这座宝塔曾经在《新白娘子传奇》中代替杭州的雷峰塔。

寺庙旅程到佛塔并未结束。塔院之后居然还有长廊通往北面，一直通到城墙。这还不算完，寺院在城墙上开了一个山门。游客买了上城墙的门票后可以直接从寺庙走到城墙上去，颇为有趣。一庙、一山、一墙就这样神奇地连在了一起。

UNIUNI（凯瑟琳广场店）

晚上是酒吧的咖啡馆

凯瑟琳广场是南京城中最时尚的一个商业区。这个商业区中间低，四周高。广场上摆着许多英伦风的装饰，中间还有让人耳目一新的展览。一众时髦餐饮、酒吧环绕着广场。其中就有 UNIUNI 咖啡馆。

它是南京最火的咖啡馆之一，却躲在隐秘的高层中。二层木地板上的店面一片白，白色一直延伸到店里，只有到了后半部店面才一下换成了黑色。整个室内设计偏向北欧的冷

淡风格，略带一点装饰。设计者原来的用意是白色做精品咖啡区，黑色则做意式咖啡区。实际上不管喝什么，多数人都坐在白色区里。黑色区再往里探索你会发现一家大大的夜店——PLUTO 酒吧。原来这里白天是咖啡馆，到了晚上便是充满神秘感的俱乐部。

UNIUNI 的老板是国内著名的大神级咖啡师，所以在咖啡的选用上特别讲究。美式咖啡的咖啡豆必须是烘焙后两周内的新鲜豆子，单品咖啡则每周都会换一次。咖啡师和服务员都很热情，每一次冲泡都会仔细询问你的口味。除咖啡之外，蛋糕的颜值和口味也都是上乘。这些都深受南京咖啡爱好者的欢迎。尽管店铺有些难找，但每天都有粉丝们光顾。附近写字楼里的白领中更是有人天天来捧场。作为游客倒是可以尝试一下，待到酒吧开张，看着这里“白变黑”，体验一下咖啡和酒精交替的奇妙感觉。

东南大学（四牌楼校区）

山湖相映六朝宫苑遗址

说起南京美丽的大学，人们总是习惯性地想到南大。其实东南大学的四牌楼校区也毫不逊色。

东南大学四牌楼校区紧靠着鼓楼，北面有玄武湖，中间一条珍珠河纵贯校园，学校可以说是依山傍水。这所山湖相映之间的学校还有着悠久的历史。它最早是六朝的宫苑，后来又成了国子监。民国时期在这里建起中央大学，所以校园里至今还留有众多近代建筑。梧桐树影下，莘莘学子仿佛徜徉在“民国学院”里，怀旧得很。

走进东南大学，先是要穿过笔直的中央大道。大道上方是茂密的梧桐叶，在夏季梧桐叶可以把整条大道都遮得寸光不漏。梧桐尽头是学校的中心圆盘。中央是一个老式的欧式喷水池。喷水池后面一个绿色的穹隆顶在树梢上露了出来，穹隆顶下还有一根根厚重的爱奥尼立柱。这是学校的大礼堂，建于 1931 年，是学校的标志性建筑。

在大礼堂周围排布着大大小小的近代建筑，就好像这里是一座来自欧洲的学校。在大礼堂的斜对面，有一座开间极大的西洋式建筑。和大礼堂一样，它也有高大的爱奥尼立柱，外立面还有着更复杂的装饰花纹。它是学校的老图书馆，比大礼堂建得更早。图书馆对面是中大院，和图书馆风格极其相似。中大院往南，有一片绿地，绿地中有一个十字路口，十字路口上放着一尊大鼎。这片绿荫非常安静，学生和教工喜欢坐在鼎下休息。在鼎的另一头是中山院。中山院原来也是一座民国建筑，不过在 20 世纪 80 年代被拆除重建，现在它是学校主要的教学楼之一。中大院往北还有一批民国建筑，其中名气最大的是红瓦顶的健雄院。这楼里人才辈出，竺可桢、李四光都在这里留下了身影。而大楼名是为纪念美国科学院院士吴健雄，她也曾在这栋楼里念书。为了纪念她，学校还有她的纪念馆和以她名字命名的实验室。

学校另一片老建筑集中出现在学校体育场西面。以体育馆为中心的老建筑一字排开。青灰色的两层楼的体育馆在其中尤为醒目。建筑左右对称，两边各有一个小坡顶，中间有半圆顶的门廊，门廊两边是对称的阶梯。整个建筑像是积木搭的，可爱动人。体育馆是1923 年落成的，当年是国内高校最豪华的体育设施。不仅如此，当时它还是学校的演讲场所。英国哲学家罗素、美国教育家杜威、印度诗人泰戈尔等，均曾在此做过讲演。

过体育场往西北去，角落里有一座梅庵。早在 1916 年它便存在于此，是为纪念中国近代教育奠基人李瑞清而建。梁启超、胡适曾在这里讲学。这里亦是早期共产党活动场所。而今梅庵却已经有些荒废的迹象，建筑材料堆在横匾之下，房间里空无一人，不知将要做何用。边上一棵“六朝松”倒是依旧苍劲。在钢筋的帮助下这棵传说中历经六朝的老树身躯挺拔，外皮斑驳，枝茎遒劲，恍若一位古稀老人站在梅庵旁深思。

漫步在东南大学的古老校园里，一点一滴都充满着近代民国的故事。一代代学生在体育馆边、大礼堂前、“六朝松”下走过，新的故事就这样在校园里发生着。

STANDINGROOM COFFEE

站在咖啡馆里喝橙汁

东南大学南面有一条名字奇特的巷子叫蓁巷。巷子狭窄而冗长，陈旧的小区和市井店铺填满街边，但只要你走进去就会惊讶地发现一家干净利落的咖啡店“混”在它们中间，这家店就是 STANDINGROOM COFFEE。

门面虽小，但用整块落地窗设计，很通透。店门灰色的边框外是白色的墙壁。门脸上方顶着一大块招牌，招牌全白，只有一个黑色字母“S”。黑、灰、白的简单设计，却立马让它从老掉牙的巷子里脱颖而出。

走进店里，果然是小到没地方，通常最多只可以坐五六个人。繁忙时段多数人会站着，或坐到屋外。店老板小孟就在狭小的空间里忙碌。这位已经有十多年咖啡从业经验的老板熟练地操作着咖啡机，尤其是那台黑鹰版电控磨豆机开起来酷劲十足。他之前在其他地方有过几次帮人开咖啡店的经历，这家店是他第一次自己当老板，所以这里的每一杯咖啡他都亲自把控，保证品质。但有趣的是，这里的明星产品却是橙汁。这里的橙汁是现榨的，整个过程就在客人的眼皮子底下完成，客人甚至都能目睹橙子出汁的那一刹那。毫不夸张地说，他家的橙汁是南京最受欢迎的。如果冲着橙汁去，一定要赶早，否则你就只有咖啡喝了。当然咖啡也不错，从美式到单品，再到奶基咖啡都是高品质产品，还有苏打咖啡等一些隐藏菜单可以点。小孟是个非常和蔼的老板，只要你能想到的，他总会尽量满足你。

鼓楼公园

南京城的“总开关”

在城中心的钟山余脉鼓楼岗上，一座气宇轩昂的红楼被绿色烘托着，这座建筑就是南京标志性的鼓楼。

鼓楼是城中的枢纽，几条大道在这里汇聚。在明代，山岗上的鼓楼更是城里各个角落都能看到的地标。在诞生之初，鼓楼关系到整座城市的运行，在没有现代计时器的古

代，鼓楼是全城的报时器。早晚，鼓楼各以 18 下鼓声来预报城门的关启，“紧十八，慢十八，不紧不慢又十八”，这句民谣是当时南京人对鼓楼生动的描述。

时代更迭，明代时的城市地标到了清代只剩下了环绕的城阙。直到康熙皇帝巡视过后才重新建楼。又因为竖起了石碑，鼓楼变成了“碑楼”。再到太平天国时期，鼓楼又毁了再建。豪气的太平天国将城阙扩建，形成今天城台大过城楼很多的局面。

今天的鼓楼和山岗成为一片公园。假山、绿树映衬着红色的主楼，过往建楼的柱础和石材遗迹散落在公园里。穿过林荫道，爬到山岗之巅，红色鼓楼巍峨地矗立在山顶。底层城阙做基，三座高大的拱门居中贯通城楼。拱门之上是两层阁楼，红墙、黑瓦、飞檐，古典味道十足。

在城楼里有文物的展出，最值得一看的是康熙皇帝南巡留下的诫碑。碑的两边还有精美的龙凤亭。透过玻璃罩能看到亭子上细腻的雕刻，从三国人物到花鸟鱼虫都栩栩如生。穿过狭窄的楼梯可以上到城阙的平台上，平台上只剩下两面鼓。城台之上视野开阔，环视一圈，原来鼓楼已经被高楼大厦包围了。鼓楼的鼓只做观赏用，不再响起。高楼遮挡下的鼓楼也不再是一目了然的地标了。

南秀村

超多美食的一个“村”

法国梧桐、深街小巷、酒吧露天座……在南京有这样一个地方，名字叫“村”，情调却偏欧式，身处闹市，却能独享清静。这个地方就是南秀村，是拥有超多美食的一个“村”。

南秀村其实是南京鼓楼附近的一条小街。这条街有多小？只能容得下一辆机动车，而且两边行人还要让着点。平时很少有人够胆量开进去，因为很可能就堵在里面出不来了。街的两边大部分是公寓楼，偶尔会看到独栋的小洋楼。

就在这狭窄的小道上，安静的文艺酒吧、餐厅时不时地点缀其间。底层的民居几乎都被充分利用起来，破墙开店。上海路的入口处便是一个有大露台的咖啡馆，它拉开了南秀村的文艺餐饮序幕。绿色爬山虎爬满红色砖墙，爬山虎上方锈迹斑斑的招牌居然是精品酒店的。粗犷的工业风夹在绿色中，背后却是清新的原木、白墙、黑框玻璃。和清新、隐秘的精品酒店不同，酒吧花枝招展地出现在街面上。啤酒吧大色块相撞的装饰画让人想起了疯狂的毕加索。爱尔兰酒吧更是把洋楼刷成了红色，再用绿色把门框勾边，大红大绿的小楼成了南秀村最鲜艳的存在。对面的餐厅倒是低调沉稳，黑漆漆的屋檐下顶多挂了几个红灯笼。

白天南秀村十分安静，只有几个懒散的行人漫步其间。到了傍晚，小巷里人头攒动。从西面上海路这头一直到中间拐个弯儿通到南面陶谷新村，各式各样的文艺店铺都忙碌起来。来自成都的川味餐厅、小巧的西班牙餐厅、大木门的精酿啤酒吧、怀旧的咖啡吧、特立独行的文身美甲店，小街巷里的店铺让人眼花缭乱。在这里漫步、穿梭或寻找美食，都恍如穿梭于奇思妙想和文艺灵感构筑的另一个世界，令人流连忘返。

南京大学（鼓楼校区）

风景如画的金陵学堂

南京大学无疑是南京高校中最有名的。它历史悠久，甚至可以追溯到孙吴时期的太学。更可靠的说法应该是起源于20世纪初的三江师范学堂或两江师范学堂。南京大学校址本来在四牌楼附近，1952年调整时迁到现在的鼓楼校区。自此南京大学鼓楼校区成为鼓楼边的一道亮丽风景线。

鼓楼校区实际上是继承自金陵大学，金陵大学同样是20世纪初的知名大学。金陵大学主要由美国人主持修建，学校建筑看上去是中国传统建筑，但大都引入西洋建筑手法。金陵大学的建筑就此成为中国最早一批中西合璧的建筑。这些漂亮且带有鲜明时代特征的建筑至今几乎都保留着，这也正是南京大学鼓楼校区最吸引人的地方。

鼓楼校区若以汉口路为界可分为南北两块，分别叫南园、北园。南园是安静的住宿区，除了校门附近的拉贝故居，有趣的建筑并不多，游览的重点可以放在北园。

北园的南门开在汉口路上，大门不太起眼，略显简单。进入大门后不远就有一条银杏大道。每当深秋，银杏大道就会被染成金黄色，薄薄的树叶在阳光的映衬下显得更加通透和纤细。枯黄的树叶随风飘落，踩上去沙沙作响。此时，安静的校园成了南京人赏秋景的绝佳去处。

伴着树影往里走，一座黄色小洋楼最先闯入视野，那是何应钦的故居。黄色墙壁上门窗都被漆成绿色，屋顶则由蓝色琉璃瓦覆盖。房子外立面上一扇扇拱券式的落地窗和中式的装饰相映成趣。然而这只是建筑之旅的第一站。

先是路边端正的中式小礼堂、略带锈迹的钟亭带来了浓郁的中国味道，接着红砖墙的琉璃瓦顶下的“两江师范学堂”“金陵大学堂”的碑文向世人讲述着南京大学的两条历史脉络，再接着是校史博物馆、西南楼、赛珍珠故居、天文楼、东南楼……一个接一个的美妙建筑陆续而来。它们保留着强烈的中式风格，但细节上往往又让你看到了西方的点点滴滴。另一些小楼索性是纯粹的西式建筑，白色的石栏、罗马立柱、西班牙的城堡都出现在这个校园里。

如果非要在这些老建筑中挑出一个必看的建筑，那非北大楼莫属。笔直的金大路穿过三块草坪直达北大楼，草坪广场正中就是北大楼高高耸起的塔楼。夏天，绿色的爬山虎给大楼罩上了一层浓密的绿衣。唯有中式的坡顶和镶嵌在正中的五角星露了出来。空旷的草坪四周还有数栋同期建筑围绕。学生们坐在草坪上休息；老师们带着拜访者散着步，手指建筑讲述着校园的历史和故事；小朋友在老人的陪伴下在草地上撒欢儿。这一派安详、甜蜜的风景已经是南大的招牌，但凡来过这里的人无不称赞它的美。

新街口

南京的不夜天

新街口是南京的真正地标。它是南京最重要的商业区、商务区，更是南京城市中心。

新街口商业中心真正走上历史舞台要追溯到民国的首都计划。那时新街口第一次定位为商业区，4 条宽 40 米的林荫大道在这里交会，中间形成环形的新街口广场，这一格局至今未变。新街口的中心还矗立着孙中山铜像，如同 70 多年前一样俯视着新街口的发展。

今天的新街口，孙中山铜像依旧，但其实已经今非昔比——一栋栋高楼拔地而起，一辆辆车川流不息，一群群人南来北往。百家世界 500 强企业入驻新街口高楼，近 700 家商店、30 家 1 万平方米以上的大中型商业企业、1 600 余户大小商家星罗棋布，高中低档全面覆盖。地上到处是繁华的商业街区：一线奢侈品开辟出情调独特的门店，生意兴旺的百货楼四处皆有，有趣的伦敦风情也被移植到一角。地下更是四通八达，地铁站联合地下商铺编织了密密麻麻的地下网络。地下既是奔走四方的交通道，也是一个激烈竞争的商场。

站在新街口中心就恍如置身于纽约的曼哈顿、伦敦的金融街，所有的繁华都一目了然。只有仔细寻觅才能发现一点民国气息。古罗马式的交行旧址、浙江兴业银行旧址、梯形的福昌饭店、弧线包裹的大华戏院等老建筑还是保持了原来的样子。它们在摩天大楼和时尚商场的包围中显得分外特别。虽然经历近百年历史，新街口早已不是当年的样子，但总有几个细节能标记出它的起点，提醒人们这里也有民国的故事。比如立在广场中心的孙中山铜像，正用它自己不变的注视，反衬着周遭的巨变。

明瓦廊美食街

小街巷里的吃货天堂

在新街口上班的很多人下班后最爱去的就是附近的明瓦廊。这条新街口边上的小巷子在南京吃货界颇有分量，如果不熟悉明瓦廊，那在南京就不敢自称是吃货。

明瓦廊这条狭窄的街道说起来也是有来头的。它早在明朝就已出现，自从有记载开始它就是南京城的一条主要商道。有趣的是，在明清时代明瓦廊居然是比较宽的街道。街名中的“廊”指的是路上的官廊，而“明瓦”则是一种以牡蛎为原料制成的透明瓦。

明瓦是一种很神奇的瓦片，不过现在已经看不见了。随之一起消失的还有它宽阔的路面。这条街道已经小到时常拥塞，尤其是当食客的车占领停车位的时候。但拥挤让明瓦廊显得格外热闹，它的商业高潮在晚餐时分。一家家商铺紧紧挨着，门面简单，但绝不吝惜使用各种光影手段来吸引人的注意。灯火把街道点亮，人影在各个门脸里穿梭，在街道上排队。餐厅的香气混杂着飘荡在湿润的空气中。

这样的热闹已经持续了十几年。明瓦廊从“一家皮肚面馆和一家拉面馆”起步，如今食肆遍地。明瓦廊的餐厅大多门面小，接地气。CBD 写字楼的食客要求他们中午能商务快速，晚上又能大快朵颐。因此这里的美味毫不矫情，直截了当，可以说是精致的草根美味。从本地美食到外地风味在这里融会贯通，上班族的美食天堂里到处都是看起来普通却久经考验的美味。浇着辣油的易记皮肚面、冒着热气的老头盖浇饭、飘着鱼子酱香气的洪泽锅贴——明瓦廊用它粗粝却温暖的制作树立起新街口的美食招牌。

不过就在最近，文艺小清新的眷村味道也悄然进入了这里。谁知道呢？也许粗粝风格也会慢慢走向流行的精致。但至少现在你走进明瓦廊，它还是那个冒着热气，执着于用简单的美味满足食客们味蕾的地方。南京有许多美食街，但明瓦廊只有这一个。

石头城遗址公园

从高云岭到颐和路，再到宁海路，这一片『首都计划』的住宅区留下了那时的建筑、街道，也留住了些许民国的生活气息。漫步其间，恍若阅读一本民国的书，字里行间都是一个时代的回响。

先锋颐和书馆
颐和路民国公馆区
将军馆和海洋国防教育馆
高云岭
宁海路
石头城遗址公园
虎踞北路
北京西路
虎踞路
西康路
虎踞关
宁海路
云南路
中山北路
中山路
上海路
广州路

一条颐和路，半部民国史

人们来到南京，多多少少都想着能找到点民国的记忆。诚然，曾经民国首都的点滴总归是有的。那些民国遗留的细节需要细心地寻觅。令人意外的是，在南京各个角落中，最有民国味道的却是稍远离市中心的西北面。

高云岭也许并不是大部分人所熟知的地名。但就在它窄小的街道里，在老妈妈提着菜篮子走过的巷子中，一栋栋小洋楼躲藏在绿荫背后。陈旧的老街上，人们寻找李宗仁曾居住的旧公馆，却意外地发现了八路军代表的洋楼驻地。

比起高云岭，颐和路要著名得多。它并非徒有虚名。它曾经作为民国首都具有示范功能的住宅区，这里的道路笔直而规则，有宽阔大路，也有稍窄的小道；这里遍植高大的梧桐，茂盛的梧桐遮天蔽日；这里的洋楼更大气，风格更统一。一切都显示了它曾经作为民国首都的气派，又保留了如电影般的民国画面。

民国风延续到了宁海路。零星的洋楼点缀在现代高楼间。小院子里的创意比萨、落地大窗里的绿色食品、民国洋楼里的精致川菜……只要你善于发现，走上宁海路就是对味蕾的一次奖赏。

你不能忘记南京还有冷兵器时代的荣耀。石头城里和崖壁融为一体的城墙才是真正的古迹。而城墙下的公园也是惬意、爽朗之地，尤其是自然天成的石头鬼脸让人不禁赞叹大自然的神奇。

高云岭

穿街绕巷的旧南京

高云岭可能是大多数游客不熟悉的一个名字，甚至许多南京本地人也未必熟悉。实际上高云岭地处南京的心脏地区，就在鼓楼的北面，紧靠着中央路，东面不远处就是玄武湖。高云岭可以说是南京行政中轴线和商业中轴线的交会点。地貌上这里处于“岭上”，在摩天大楼崛起之前，高云岭还是南京城的最高点。

高云岭不是摩登的商业区，没有密布的高楼。相反这里道路狭小，楼宇低矮，建筑之间“前胸贴后背”，是传统的住宅区，充满着浓郁的生活气息。

高云岭路贯穿整个社区。社区之间往来的道路也都是极其狭窄的小路。与其说它们是马路，倒不如说是巷子。巷子太窄以至于不能种高大的梧桐，路边顶多种一排小树，许多地方连小树都种不上。因为道路狭小，停车是这里的一大难事，马路边停上一排汽车似乎就足以把道路堵死。

路边的建筑倒颇有看点。许多民国的洋楼从巷子边的高墙上露了出来。洋楼样式不一，有西班牙风格的阳台，也有古堡式的圆弧，还有多面的坡顶……

这里不像颐和路那般洋楼密集，中间总是隔着后建的公寓楼。高云岭白天比较安静，偶尔也有老人出来到路边的小便利店和其他杂货铺买东西。到了傍晚这里开始热闹起来，汽车、电动车、自行车小心翼翼地挤到小路上，拎着菜的男男女女各回各家。

安静、质朴的高云岭也有它的传奇。博厚岗的马路上一辆电动车疾驰而过，车主嚷嚷着："李宗仁公馆，李宗仁公馆在哪儿？"他是看了地图导航才惊奇地发现这里有李宗仁公馆旧址。但令他失望的是公馆大门紧闭，现在已经是一所幼儿园，平时不对外开放。唯有爬上隔壁酒店大楼才能张望到公馆的屋顶。不过就在公馆的斜后方，沿小巷子走进去可以看到八路军驻南京办事处旧址。八路军办事处的房子虽然没有李宗仁公馆那么大，但也是名副其实的西式洋楼，上下两层都能参观且免费开放，在这里能看到当年第二次国共合作时，中国共产党和八路军代表在南京办事处的原貌。

再细细寻找，有些漂亮的洋楼曾经是咖啡馆、酒吧，但现在已经歇业，原来的装饰都没来得及取走。高云岭的世界还是一如既往地安静、从容，对它的改造似乎有些困难，也许它还是愿意像从前那样过着无人注意的小日子。

先锋颐和书馆

梧桐树下的民国味道

这家先锋颐和书馆开在南京著名的颐和路一带，这里是南京最有民国怀旧味道的地方。这里尽是布满梧桐树的小道，树后露出多姿的民国洋楼，再加上静怡的环境……一切都让人想起 20 世纪二三十年代。

江苏路上一栋久违的民国建筑展开了它新的人生。这栋楼在 6 条马路的交会处，坐落在马路中间的圆盘上。之前它曾经是鼓楼图书馆，现在是先锋书店的一员。

黄色的颐和书馆被梧桐树包围着。它是个半圆形，装饰艺术的印记清晰可见。半圆的书馆由书店、咖啡馆、创意馆三部分组成，左侧为纯原木的书架和木质的咖啡桌椅；右侧则为沙盘展览，主要向游客展示一些缩小版的民国风格的建筑。

书店和咖啡馆几乎融在一起。咖啡馆卡座紧挨着半圆的弧面。弧面上是一扇扇落地窗，对面就是一整排书架。喝咖啡的人瞧向窗外便是颐和路和“半部民国史”，一抬手就能随手抓到书架上的书。这是颐和书馆最迷人的地方——在窗下就座，伴着民国时光看本书。

颐和路民国公馆区

梧桐树下的民国时光

梧桐树、小洋楼，安静的街道上树影婆娑，披着长发的少女骑着自行车，“叮当，叮当……”车铃一阵作响。这恍若时光倒退的景象就发生在颐和路民国公馆区。这里有着南京最集中的独栋花园别墅，有着隔世的安静气氛。漫步公馆区似乎又回到了民国的时光里。

公馆区是一个宽泛的地理概念。以宁海路环岛为中心，放射形的宁海路、颐和路、牯岭路、莫干路、江苏路、北京西路共同形成一个规规矩矩的区域，那就是公馆区。这里有200多座民国政府要员的宅第，是中国民国公馆最多的地区。

公馆区的道路大多横平竖直，非常规范。这得益于民国时期的“首都计划”。计划里把公馆区定位为住宅示范区，这才有了后来陆续建起来的 200 多座独立花园住宅。

这片住宅区以颐和路为轴心被分成 12 个片区。这里在民国是机关要员和富人的居所，另外也是各国使馆驻地。公馆区、使馆区的名号也从那时被叫出来。

至今，这里仍旧保留着精致的欧洲范儿。一栋栋别致的花园别墅连排站立在梧桐树下。这里的街道总是很安静。阳光在黄色的墙上留下明暗相隔的影子，虚门半掩的花园让人充满好奇心，优雅的阳台、漂亮的窗户、简单而富有节奏感的外立面装饰让人惊讶于当年的人们对美好生活的追求。

最美的莫过于 12 号片区。那儿是颐和公馆，是花园住宅里一个新开发的商业作品。28 幢花园洋楼被改造成餐厅、酒店、文化体验区。游客可以随意走进去。复古的人力车摆放在洋楼前，顿时有了强烈的时代感。洋楼前漂亮的花园里水柱汩汩喷出，几把太阳伞下是精致的下午茶，食客端坐在露天座享受难得的休闲时光。

形态各异的洋楼里还有民国系列的文化展示。民国场景的绘画、民国摩登衣着、民国教育书籍、民国饮食文化、民国昆曲……一系列的民国往事躲藏在民国洋楼里等着人们揭开它们的面纱。

再回到公馆区的马路上，踩着青灰色的沥青路，阳光时有时无地照射着，从一条小路拐到另一条小路，与一幢又一幢欧式洋楼擦肩而过，时间似乎都变慢了。站在寂寥的梧桐树下，仿佛又回到了民国时光。

将军馆和海洋国防教育馆

公馆里的将军故事

宁海路 54 号，几栋青灰色的大楼敞开大门向公众开放。这里是所谓公馆区里难得对外开放的建筑，这里是将军馆和海洋国防教育馆。

这几栋洋房能向世人开放，一个主要原因是要纪念曾在这里居住、生活过的将军们。颐和路社区曾是南京军区将领最主要的住宅区，先后居住过 63 位将军，因此 54 号院子里的一幢 3 层楼民国建筑便用来介绍将军们的事迹。

将军馆有序厅、沙场雄威、将军的晚年生活 3 个部分。展示比较朴实，多以图片和实物为主，重点突出了与将军为邻的主题。相比较而言，另一栋楼里的海洋国防教育馆的展示手段和内容都要丰富得多。从海洋历史开始，海洋形势、海洋资源、海洋国策以及辽宁舰航母等都一一涉及。馆内用了许多新颖的声光电技术，老房子完全变身现代化的陈列馆。值得一提的是，馆内还专门开设了一个“岛屿战争”部分，展示朱文泉所写的《岛屿战争》一书的部分内容和产生的影响。而朱文泉上将曾是南京军区司令员，也是住在颐和路的将军之一。这个海洋国防教育馆的诞生和他息息相关。

海洋国防教育馆的顶层有个小露台，底下铺着木地板，国徽和石碑立在地上。在这里可以俯瞰宁海路的风景——重修的小楼簇新地矗立在绿色的梧桐树间，一面五星红旗高高飘扬。

宁海路

轰炸味蕾的梧桐大道

紧贴着南京师范大学的宁海路宽阔而干净，高大的梧桐树在马路两边成排站立。民国小楼出没于树间，经常有女大学生款款而过。在这里等不及文艺，心和味蕾就统统被街边的美食拐跑了。走一遍宁海路，足以让你胃口大开。

最南边写字楼下的威雀低调地躲在拐角处。人们时常因为它灰黑的外表而匆匆错过，实际上它隐秘的大门里藏着巨大的地中海世界。巨大无比的波士顿龙虾、火山喷发状的巧

克力熔岩都是震撼味蕾的奇妙美味。再往北的人行道边高出一块长廊状的露天座，那是“宴遇”的浪漫场所。啤酒、音乐、自助餐，不知道南师大的青年们有多少邂逅发生在这片梧桐树下。再走几步，民国院子外出现了可爱的猫咪涂鸦。一大堵墙愣是成了一张大画布。猫咪咖啡就躲在墙内的灰色小楼里，26 只猫咪也在里面等着人们的宠爱。还有味道独特的西餐厅也一样躲在陈旧的巷子里。比萨的香味在残破的墙壁外蔓延，小小的空间里飘荡着幸福自在的味道。

与此同时，也有崭新的店面出现。greenjoy 占据了汉口西路的拐角，带来了干净利落的黑色外立面和落地窗，也带来了最时髦的绿色健康饮食。另一家城中时髦餐厅成都娃娃花园餐厅占据了一栋洋楼，于是成都菜餐厅居然有了西餐厅的外貌——原木门面、小巧露台、紫色复古遮阳篷，令人好似身处欧洲，幸好浓烈的麻辣味道能迅速把人拉回中国。

餐厅、小店就这样散落在宁海路，有时候还有琴行、酒吧、花店，非常配合它的气质。宛如待嫁的姑娘，宁海路有静若处子的一面，又似乎内心涌动着不小的躁动。新旧不一的楼房、漫天的梧桐树和居民区常见的杂乱构成了一个波普主义空间。你还可以等到深夜，这里会另有一番深夜食堂的景象，烧烤、炒面的烟火气袅袅弥散，另一个烟火宁海路等你去发现。

石头城遗址公园

“鬼脸城”

南京的城墙有很多形态，要是问哪个最特殊，那石头城遗址的城墙肯定会排在前列。在这里自然和人类建筑完美结合，更出奇的是石头山凭空做了个“鬼脸”，让人不得不惊叹大自然的鬼斧神工！

“走！看鬼脸去！”10 个去石头城遗址公园的游客有 9 个这么想。实际上石头城遗址公园本是一个以怀古为主题的公园。石头城在清凉山下，紧靠着秦淮河。在三国赤壁之

战后，东吴就利用清凉山的峭壁建起军事要塞。此后历朝历代都在这里筑城墙，遂逐渐形成山墙一体的景观。

今天当你踏进遗址公园，依旧可以看到红褐色的鹅卵石墙体，还能看到不同时代累加上的城墙砖。城墙完全依据山势绵延，大部分都被绿色植被覆盖，偶尔裸露出山体，让你看清山崖陡峭的态势。中间的清凉门是最有城墙形貌的地方。人们在高耸的大门下穿梭，从现代穿越到六朝。有的索性躲进门里乘凉，真可谓“清凉门”！

城墙另一边，秦淮河静静地流淌着。但在古代，这里有滚滚长江东逝去。清凉山光秃陡峭的山崖就是被古长江拍击形成的，因此像极了海边的悬崖。沿着秦淮河漫步，抬头可见绵延的城墙，有的地方看着像砖像崖又像山，石、墙、山融为一体，蔚为壮观。

最精彩的当然还是那个“鬼脸”。那是在清凉门至草场门之间的一块凸起的岩壁。自然风化让它剥落、凹凸，中间恰巧还夹杂着紫黑的岩石。从某个角度看，这风化的岩壁好像有鼻子有眼，再仔细看竟像一张面目狰狞的鬼脸。更巧合的是，岩壁西侧有一片池塘，平静的池塘就像一面镜子映出崖壁上的鬼脸。“鬼脸照镜”的传说就成了南京的都市传奇，这个奇景也成了无数游人前来猎奇的原因。

南京师范大学
熙南里

从夫子庙开始南京就注定充满了善读取士的书卷气。整个城市多学校、书店，哪怕是小巷里、小楼内都能找到读书的人的身影。

南京师范大学（随园校区）
LIKE SUNDAY LIKE RAIN
虎踞关
先锋书店（五台山店）
珠江路
清凉门大街
广州路
华侨路
中山路
汉中路
汉中门大街
中山南路
太平南路
芳婆糕团店
二楼南书房
朝天宫西街
朝天宫
水西门大街
建邺路
白下路
甘家大院
升州路
熙南里

江南书卷气

在南京，漂亮的大学不稀缺，而在一众漂亮的校园中，南京师范大学随园校区有绝对的资本成为其中的翘楚。作为拥有百年历史的金陵女子大学的继承者，江南园林随园的所在地，南京师范大学展现了园林校园应有的风姿。坐在露天座中喝一杯饮料、看一本好书就是南京师范大学最美妙的午后。

读书的气氛蔓延在老城区里，高潮出现在先锋书店里，五台山的地下室里是南京乃至中国最传奇的书店。密密麻麻的书架间游走着求知的人们，精致的文创产品展现着设计之美。

书卷气之余，也有美食和休闲的天地。用秋田犬做招牌的咖啡吧坐落在洋楼的对面，高起的路边平台正好成了城市里最休闲自在的世界。

吃饱喝足后你大可以继续游览于城市的书房。小而旧的巷子里有小而旧的楼，二楼里藏着小巧的书房。两个房间就是阅读者的全世界。

说到文脉，朝天宫是绝对的标志。从宋朝开始这里便是文庙，也是朝见天子之前的培训地。中正的孔庙格局在这里依旧清晰可见，南京为学的历史也能在这里窥见一斑。这座城市的书卷气绝不是一天养成的。

甘熙是学而优则仕的代表人物。他“九十九间半”的大宅子更是“书中自有黄金屋”的佐证。在这里进出，大宅小房，深亭浅院，无不精美，后代名士传说无不传奇。

南京师范大学（随园校区）

东方最美校园

南京师范大学是南京一所拥有百年历史的名校，承袭于民国金陵女子大学，其中随园校区正如其名，是清朝随园旧址所在地。因此校园里有着众多的民国复古建筑和美丽的园林，被誉为“东方最美校园”。

只要一踏进宁海路南京师范大学随园校区的大门，一个神奇的世界就打开了。梧桐树在大道旁伸开“臂膀”，用枝叶遮挡恼人的烈日。大道后有一片开阔的草坪迎接客人。草

坪周围是中国宫殿般的楼宇，一座座大楼左右对称。黄色墙壁上红色木结构勾勒着边框，木格窗边留有蓝色的雕花，黑森森的屋檐下巨大的斗拱整齐地排列着。雄伟的大房子之间常有小巧的长廊相连。学子们穿梭其中，恍如穿梭在民国的时光隧道里。

民国老楼背后有一汪清池。池上平架曲桥，桥头立着红色神社，池塘里莲叶一片片贴着水面。四周围着假山，到处是怪石嶙峋，在假山石缝中还有小瀑布流出。池塘一角辟出几米见方的空地，正中间是一尊孔子画像。小池虽小却情调古朴，常有身着汉服的少女来这里留影，构成一幅复古的生动画面。

随着探索的深入，学校地势也逐渐抬高。台阶上依旧是古朴雄浑的校舍。端正的宫殿式建筑飞起檐角，叫人不敢相信是教学大楼。台阶下是小巧的校园书店。书店外摆上了露天座、遮阳伞，小书店也有了惬意的咖啡馆的味道。闲坐在古朴建筑之间，晒着梧桐树叶中零星透出的阳光，东方最美校园着实让人着迷。

先锋书店（五台山店）

车库里的书店传奇

2004 年先锋书店五台山旗舰店的开业是先锋书店品牌历史上的标志性事件。这个由车库改建而成的书店经营面积超过 3 500 平方米，经营品种超过 7 万种，物流配送中心面积就达到 1 000 平方米。开业当天人流上万，销售图书码洋近 10 万元，这几乎是学术书店的一个奇迹，更是民营书店的一个传奇。

今天，在书店经营越来越难的日子里，先锋书店这个传奇的“车库”仍然有非常旺的人气。店门口的下坡道上不断有人进进出出，有半数人还要在不起眼的大门前拍照留念。

进入大门后，初来乍到者多数会被盛大场面所震撼。在沉思者的雕像背后是一片书的海洋。头顶满是管道，原来书店的前身真是车库。拐过书海，是长长的斜坡，书架密密麻麻地顺势抬升，似乎望不到头。万国旗在天花板下飘扬。一盏接一盏的壁灯间挂着文化名人的肖像，灯下则垒着半人高的书。斜坡的两头各有一个一人高的十字架，一个贴在墙上，一个落在地上。走累的孩子坐在十字架上，他身后的十字架上写着——大地的异乡者。

书的世界还远不止于此，斜坡之后是更大的空间，可以分成三块——图书区、文创产品区、咖啡馆。图书区和文创区占去3/5面积，它们平行排列，中间用一堵明信片墙分隔。这些明信片是客人留下的，上面密密麻麻写满了字，有的还是自己DIY制作的。书店里的客人除了游走在书架边和文创产品货架边之外，还特别喜欢看看明信片墙，他们想看看

前人都在这里留下了什么话。明信片墙边放着许多有趣的插画，这里时常举办各种小型的展览。

在图书区，书架的中央空出一块摆上桌椅做阅读区。通常这里的位子非常紧张，必须要早点去才能占到一个空位。除了阅读区，另一个重要的场所是讲座区，一个小舞台加上数十把小椅子构成一个相对独立的空间，有趣的文化沙龙、讲座、签售会等都在这里举行。图书区最后一块地方有一个奇特空间，摆着各式各样的帽子，这里叫作“帽子工厂＊台版书店”，有各式各样的礼帽。墙上还贴着许多名人的照片，他们共同的特点是都戴着帽子。

先锋书店五台山店面积太大了，从图书到文创产品仔细逛逛总要个把小时。逛累了可以去咖啡馆歇歇，尽管饮品并不精致，但无论坐下来翻翻书，还是把玩一下新买的文创产品，都是一件惬意的事。

LIKE SUNDAY LIKE RAIN

一条秋田犬的晴与雨

上海路这条南大和南师大之间的秀气道路由南至北慢慢抬起。沿路往北走，总有几个坡道等着你。走上坡路，行走的速度自然减缓了，人们也有时间细细打量这条路。树木并不算多，一丛一丛零星地点缀着。两边大都是公寓楼。坡道上靠街边的房子总是高出地面一截，在车道上方独立出一个步行道。这些高起的步行道边有许多有趣的店铺，有小小的酒吧、餐室，也有独具品位的服饰店。

街边的房子大都是最近几十年盖的公寓楼。偶然地，有几幢南欧风格的洋楼幸存在路边，一下子让路边的风景洋气起来。LIKE SUNDAY LIKE RAIN 这个小店就建在洋楼的对面，它由几个“80后”打造。门面黄色、黑色搭配，显得活力四射，店里装饰简洁、明朗。门口是白色的长吧台，吧台转角上有个池子，里面放着一瓶瓶精酿啤酒，这是最近最流行的饮品。过了吧台拐个弯儿便是店堂。“80后”老板是看漫画长大的，所以店里摆满了一二十年前的日本漫画。书架下放着一个PS游戏机供客人们玩。店堂尽头半面墙都是窗户，阳光明晃晃地透进来。窗外是遮阳伞和露天座。

店的门口总有一条懒洋洋的秋田犬蹲着，许多客人就是为了它而来。店的招牌上也印着它的“肖像”。这也证明了店铺和电影《如晴天，似雨天》（*Like Sunday Like Rain*）没什么太大关系，反倒是叫作“阿八”的小眼睛的黄毛秋田犬才是真正的核心。不管是晴还是雨，阿八总是慵懒地守着咖啡吧，看着上海路四季更迭。有时还有另一条黑白相间的牧羊犬出现在店里，这两个人类最好的朋友成为店里最大的“明星”，每天都要“谋杀”不少内存。

若是晴天傍晚，店外的露台便成了大受欢迎的好地方。边上高起的斜坡造就了它的隐秘。宽阔的露台前后能摆下七八张桌子。坐在露台上总有几股清风吹来，风的另一头就是西班牙式的洋楼。几丛“绿球”之间是明黄色的墙壁，上面架着筒瓦覆盖的斜坡顶，中间一个烟囱高高凸出。在养眼的风景里，下班的白领蜷缩在黄色的椅子上享受精酿啤酒和一个人思考的空间，边上另一桌三五好友在热络地谈天说地。上海路边的晴或雨总有自然宜人的小天地。

二楼南书房

老房子里的 24 小时书店

南京是江南书卷气最浓的城市之一，因此书店众多。而在众多书店中，隐藏在巷子深处的二楼南书房却因为破旧的房子和 24 小时营业独树一帜，成为很多文艺青年心中南京最美的落脚点。

二楼南书房坐落在市中心，但与一般书店不同，它不在沿街商铺中，反而蜷缩在秣陵路的旧巷子里。秣陵路上大部分都是不新不旧的钢混公寓楼，只有少数老房子和巷子夹在

这些大楼之间，保留着旧时的风貌。二楼南书房就在这样矮小、破旧的巷子里，占据了一幢民国建筑的二楼，这倒是很符合店名。

巷子门口有块牌子写着“该建筑群为民国时期建造的一处独户式住宅区，现存十幢普通二层砖木结构的小楼，国民党要员刘峙曾在此居住过”，想来这里当年也是风光美丽的大宅子，而今样貌却有些落魄。灰色的围墙里，黄色的墙面上满是黑色的雨渍。原先规矩的民国建筑外乱七八糟地建了许多后来的“违章建筑”，原有格局完全被打破，空间变得局促起来。阳光下居民晾晒的衣服随处可见，好似万国旗飘扬。唯一的亮点是门上饶有趣味的楹联：“感月吟风多少事，庭院深深深几许。”就连诗词出处都细心地写在联上，让人感受到了不俗的文化底蕴。

二楼南书房的环境要比外面整齐得多。木门上贴着民国信笺样式的招聘启事，红框白纸和毛笔字一下把人们带回了民国年代。门里是一小片空地，应是原先的小花园。一个铁栏杆把花园一分为二，栏杆外是一楼住户的地盘，栏杆内的角落里后搭的小房子被改造一新，成了一个漂亮的小白屋。屋里是书房新开的水吧，由一个帅气的青年打理着。他不时

顺着民国建筑的楼梯跑上跑下，楼梯上便是书房的主体——小小的24小时书房。

推开书房的门，立刻就能感受到空间的狭小。小小的过道、小小的收银台，即便是里面两进客堂也不过二三十平方米。靠墙位置几乎都放上了书架，2 000册精心挑选的书紧紧地挤在一起。书的分类比较有趣，是按出版社来分的。没有那些畅销的励志书，但见文艺情调的小说、随笔，也有一些专业书籍，社科和人文书籍是这里的大头。

书架对面木窗下素色沙发一字排开，阅读者蜷缩其中读着书，有的还睡着了。房子中间摆放了大桌子，互不相识的人们围坐在桌边。看书的、复习学业的互不干扰，有的人还带来水瓶和茶叶。在这里没有最低消费，只要你愿意可以一直待下去。这里其实也不销售图书，是纯粹的阅读空间，类似图书馆，客人愿意的话还可以办卡借阅图书。唯一能消费的是这里的文创产品和饮品。

南京不乏阅读者。哪怕在深夜，城市进入了梦乡，在这里总有几个好读书的人借着灯光捧读字里行间的世界。于是，民国老楼里是安静的深夜读者，楼外是老巷子吵闹的柴米油盐。纷乱的世界里总有执着而安静的守护者。

芳婆糕团店

大排长龙的小吃店

王府大街附近的上班族下班之后经常会干同一件事——去芳婆糕团店排队。这家在王府大街上的小店面是附近街面上人气最高的一家店铺。在别的店门庭冷落的背景下，这家店前的排队长龙成为街上一景。

“南京名气最大的糕团店”“金陵著名小吃”“最好吃的早餐店”……南京的食客们毫不吝惜赞美之词去盛赞这家环境简朴的糕团店。人们每次光顾，十有八九要排队。白底蓝字的招牌下一条长龙蜿蜒前行着。长龙尽头的操作间也兼做收银用。好几个服务员在操

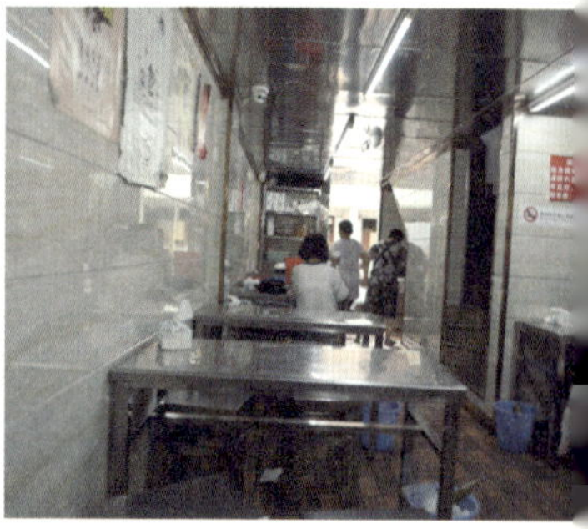

作间里忙碌，打包糕点、捏饭团、舀汤水、收钱找零好不热闹。即便他们动作麻利，高峰期也很难应对络绎不绝的食客。在一片繁忙与躁乱中，等上几十分钟，前排的食客终于心满意足地拿到了他们心仪的饭团、粽子、糕点、元宵……即便在炎热的夏天，也要趁热吃下现做的小吃。人等人的压力之下，坐在拥挤的店铺里不由自主地就会加快速度吃，以便腾出位子给后来者。

最忙碌的时候是早晨。黑黢黢的乌饭团是很多人早上的最爱。每天都是现做现卖，去晚了可就没有了。乌饭团最好是包上油条或卤蛋，黑色的米饭入口软糯，油条则带着香脆的口感，两者搭配相得益彰，再来一个超级入味的卤蛋，作为早餐堪称完美。乌饭团如果没买到，这里的粽子、酒酿圆子、酸辣汤也可以尝试。因为店铺环境一般，也比较拥挤，人多时还是外卖为宜。

朝天宫

冶山到文庙全是金陵沧桑

一条短短的小路，尽头突然矗立起高大的拱门牌坊，牌坊上写着“德配天下”。这里平时走过的人并不多，但右侧庞大的古建筑群显露了它不凡的地位。这里便是朝天宫，南京最古老的建筑之一。

跨过“德配天下”的红墙，半圆形的泮池和高大的棂星门就在眼前，远远地还能望见黑色的孔子像，这一切都清楚地说明这里是南京的另一座“夫子庙”。棂星门下阶梯边的

条石被磨得滑溜溜的。“滑滑梯，滑滑梯，你先我后别着急，上去好像爬高山，下来好像坐飞机。”过去南京人带着孩子去朝天宫，孩子们都会在这光滑的条石上滑滑梯，以至于条石中间都被滑出“屁股沟”。

历史上的朝天宫可不是如此“儿戏”，而是有着足以令万人敬仰的历史。朝天宫的历史可以上溯到春秋时期。这里最早是冶炼的场所，被叫作“冶城”，所在山为冶山。这里也是南京城主要的发源地之一。到了东晋，人们为了纪念卞壶父子，在冶山西侧建了卞公祠。祠堂早于朝天宫建设，且留存至今。到了南朝，冶山上出现了国家级的科研机构，文、史、儒、道、阴阳五学兴盛。此后五学仅存道家昌盛，冶山成了道教圣地。

直到宋朝时冶城才建起文宣王庙，开启了文庙的历史。而朝天宫的名号始于明朝，当时朝天宫是练习朝见天子礼仪的场所。到了清朝，朝天宫经历了大规模的重修。曾国藩将道观改为孔庙，还把学府迁来。这时起就正式确立了中为文庙、东为府学、西为卞公祠的格局。这一格局直到今天依旧延续着。

民国时朝天宫曾做法院用。中华人民共和国成立后至今则一直是南京市博物馆所在地。现在博物馆把朝天宫分为两片区域，外侧从万仞宫墙到大成门部分免费开放，大成门之内的区域则收费参观。

在博物馆的保护下，朝天宫建筑格局非常齐整。最外侧高起红色万仞宫墙，紧挨着是半圆形的泮池，再往里棂星门、大成门、大成殿、圣人像……一一而立。这里不愧是江南保存最完整的古建筑群，一砖一瓦都能细细琢磨品味。博物馆在老宅子里开设了许多展览，在砖木楼里，朝天宫和南京城的历史被娓娓道来。

随着参观的深入，冶山上的小花园也露出全貌。飞起檐角的亭子、堂堂正正的楼阁就在灌木和池水中闪现，小拱桥幽幽地倒映水中。想来这个优美的小花园应该是学府的一部分吧。只可惜真正的学府被昆剧院所用而谢绝参观，只好临走时偷偷从门口探上两眼，再感受一下当年的遗风。

甘家大院

“九十九间半”的传说

在甘熙第的商业街区里，新建的仿古建筑连成片，被花哨的商店占据着。就在一片喧闹的商业建筑里，风格独特的甘家大院出现在眼前。没有大红大绿，黑白搭配的门面一清二白。黑瓦下小小的门里就是甘熙家的豪宅和“九十九间半”屋子的传说。

甘熙是清末的文人，进士出身。他藏书众多，因为专门建了藏书楼而留名青史。现在宏大的宅第让他更加出名了。甘熙的深宅大院始建于清嘉庆年间，是南京现有面积最大、

保存最完整的私人民宅。它的价值在于能体现明清时南京的建筑风貌，和明孝陵、明城墙一样是难得的明清景观。

甘家大院的第一特点就是大。因为甘家本身是富商，建起宅子来自然是豪华气派得很，这一点一踏进宅子就深有体会。无论从哪个门进去，建筑总是一进接着一进出现，好像到不了头，前后左右环视总是一栋栋瓦顶木楼等着你。民间传说它有“九十九间半”房子，这是封建时代民宅的最高级别。实际上它的房屋数量不止九十九间半，总数达到了162间。

甘家大院不仅大，而且有自己的建筑风格。它既不像徽派建筑那样有繁复的雕刻装饰，也不像苏州园林那样有精致细腻的格局排布。它的风格源自高淳、六合一脉，有着南京民居的特色。建筑的布局严格按照封建社会的宗法观念及家族制度而布置，讲究子孙满堂、数代同堂，而使宅第的规模庞大、等级森严，各类用房的位置、装修、面积、造型都具有

统一的等级规定。

甘家大院现在成为南京民俗博物馆，大量民俗相关的展示内容出现在老宅子里。宅子里的展示内容非常丰富，有南京非遗、金陵工巧、戏剧脸谱、民居建筑、甘家历史等。有许多能工巧匠还常驻在这里，画葫芦的、剪纸的、刻竹的……一众手艺人在一盏小灯前展示手艺。他们大多数都上了年纪，许多都是非遗传人，做起活来一丝不苟。

甘家历史也是展示的重点。甘家上溯可以到秦国丞相、三国名士。近代则是京昆世家，家眷中包括严凤英这样的戏曲名家。

从明清建筑到民俗非遗再到甘家历史，看似毫无瓜葛的三者在这里相遇了，一个甘家大院就能追溯两朝金陵人、俗、物。今天在古宅的戏台上京昆大戏还在唱响，对于渐渐模糊的城市记忆来说，这里是一个幸运的时光机器。

熙南里

城南旧时光里的新篇章

升州路、中山南路的拐角处，一片徽派马头墙引人注目。这里的老式建筑和周围的现代化高楼形成了鲜明的反差。沿着中山南路往北走，没几步路就能看到这个复古街区的大门。木牌坊式的大门上挂着横匾，金色的“熙南里”三个字高悬头上。

熙南里是南京老城南的街区。所谓“熙南”指的就是甘熙故居南。甘熙故居是号称“九十九间半”的大宅子，是南京保存最好的古民居。可能是为了配合甘熙故居的老，熙

南里的房子也尽是高低错落的马头墙。远远看去就是一层层黛瓦在白色中上下跳跃着，和甘熙的老宅子倒是相得益彰。

其实熙南里是个现代化的商业区。看似古色古香的木窗格其实有着铝合金的结构，落地的大玻璃窗更是现代商业的特征。它夹在夫子庙和新街口两个商圈中间，成为人们的第三选择。许多有趣的店铺躲在黛瓦白墙里，是休闲的好去处。漫步熙南里，你可以观景色、忆往昔、闻书香、品曲艺、尝美味、赏金陵。街口的鱼缸咖啡因其艺术的装饰风格成为独特的存在，从明清徽派穿越到近代欧洲，一杯杯精品咖啡陪伴着一张张鲜活的面孔。街区深处的瓦库则用瓦片围起小院子，院子里树木青翠，树荫下摆上一壶绿茶，喝茶的人们淡然、从容。不管老少，都能在熙南里找到自己专属的一角。木玉轩老红木、春满堂、国香馆……有味道的文艺店铺让这里充满了文化探索的乐趣。走累了，可以随便找一家咖啡馆或茶馆坐坐。饿了，小苏州、绿柳居等多家中华老字号和王品台塑牛排、阿英煲、江宴楼这些新潮餐饮一定能让你胃口大开。

“青砖小瓦马头墙，回廊挂落花格窗。”熙南里的大红灯笼和粉色桃花艳丽地点缀在老房子间。老街区蕴藏着过去的历史文化，也有着无穷的新意。就像意大利的仿木铝合金窗一样，看着虽老，其实已经是南城的新篇章。

莫愁湖
南京科技馆

现在把目光投向南京的西南面，那里有广阔的天地。从湖光到山色，从云锦到园林，从大屠杀记忆到新科技，内容包罗万象。这是一种南京的新体验，走过屈辱的历史，走进新南京的世界。

中国南京云锦博物馆
侵华日军南京大屠杀遇难同胞纪念馆
集庆门大街
江东中路
莫愁湖
应天大街
内环西线
中国绿化博览园
集庆路
长乐路
滨江公园
庐山路
奥体中心
梦都大街
汪家馄饨（雨花台店）
雨花台
雨花南路
内环西线
机场连
南京科技馆

国殇之外的南京新风光

莫愁湖依旧优雅地静默着，荷叶连连中一幢幢古典建筑翩然而至。西子莫愁何须比？江南园林的温润早已占据心头。比莫愁湖更让人痴迷的是南京的云锦。博物馆里一台台织布机、一块块绫罗绸缎编织出了一段段金陵往事，也带来了曾经的京华烟云。

别过莫愁湖的温柔乡、云锦的锦绣，平复一下心情，虔诚地踏入大屠杀的纪念馆。无声的雕塑上是挣扎的表情，静立的十字架背后是和平的祈求，30 万条生命记录了国殇的痛。一朵菊花、一只千纸鹤，这也许是南京之旅最重要的一站，也是最沉默的旅行。

好在历史翻开新的一页，南京有了全新的面貌。绿博园里漂亮的花卉和世界各地的建筑能调整你阴郁的心情。雄伟的滨江公园、别致的大型建筑和奥体中心成群的场馆象征了新南京的崛起。

而在雨花台，又是一次对过往的缅怀，也是南京人文历史的一瞥。雨花台里捡不到雨花石，但还能拾起人们的平常生活——孩子们到科技馆学习新知，老街坊还要在汪家馄饨铺子里尝一尝老味道。一切如常，一切归于平淡。

莫愁湖

春光湖色君莫愁

南京城的西南角有一片有着美丽名字的湖——莫愁湖，比名字更美丽的是它的景。

莫愁湖本是隋唐时长江改道后留下的湖泽。明朝时沿湖筑起亭台楼阁，一时热闹非凡。莫愁湖就此名声大振，成了“金陵第一名胜”“第一名湖”。到了民国，莫愁湖更是成了南京最早公共开放的公园之一，并居那时的“金陵四十八景”之首。

莫愁湖承袭了明朝以来江南园林的秀丽风光，是南京最主要的水景园林之一。公园围绕着湖泊展开。湖岸上遍植杨柳，春风吹过，绿柳拂面，随着湖波荡漾。湖中有大片荷花

池，粉色的荷花在夏季钻出水面，一点点、一片片地把绿波点缀得娇艳起来。绿柳和粉荷之外是随处可见的中式建筑。亭子连着长廊穿梭在柳叶下，水榭被荷花包围着，湖中央的小岛上孤零零地站着娇弱的湖心亭……连绵不断的白墙、黛瓦、朱漆木柱掩映在松石花木之间，正如古代诗人云："欲将西子莫愁比，难向烟波判是非。但觉西湖输一着，江帆云外拍云飞。"

随着沿湖步道，游客可以环湖一周，散步其间可以移步换景。不过漂亮的中式建筑大都集中在西边至南边一段湖岸。在南门附近有著名的华严庵，庵里有胜棋楼、郁金堂、水院等名胜。旅游团到莫愁湖必到此庵。胜棋楼有一半结构没有变动过，相传是朱元璋和徐达下棋的地方。胜棋楼边上的郁金堂传说是卢家女莫愁居住的，莫愁湖的名字就是由此而来。郁金堂中间的荷花池中还有莫愁的雕像。郁金堂南有四合院，墙壁上留有许多碑刻。四合院的西面则是水院，回廊、赏荷厅、四方亭、光华亭等古色古香的建筑连成一片，中间观鱼池种着荷花。水院依水而建，是最具江南园林的诗情画意的地方。

从华严庵往西还有待渡亭、抱月楼、粤军烈士墓等美丽的建筑和风景。有些老宅子里还有精致的展览，有些园子里种植着海棠等。看着古朴的木建筑，漫步垂柳之下，湖水泛起波光，夏可赏荷，春可观海棠，近有水榭浮波，远有亭台依水，可真是莫愁了。

中国南京云锦博物馆

一片锦绣馆藏中

云锦对南京来说有着别样的意义，它是南京高超织造技术和艺术的典型表现。手工织造的南京云锦开始于东晋末年，经过宋、元时期的发展，至明、清时期，其生产规模与水平达到鼎盛。清康熙、嘉庆年间，南京云锦生产达到高峰，全城有织机 3 万多台，秦淮河一带机户云集，机杼声彻夜不绝。

尽管随着封建王朝的没落，云锦也逐渐衰落，但有 1 500 多年手工织造历史的南京云锦，以特殊的浮雕、镶嵌技艺，依旧表现出特殊的审美境界和文化艺术魅力，是了解南京的重

要一环。要了解锦绣织造，走进云锦博物馆无疑是最恰当的选择。

云锦博物馆坐落在城区西南面。从门前看，建筑外立面用灰色金属网格罩着，但门头却做成了传统牌坊的模样。繁复的斗拱和金色龙凤花纹中“江宁织造”4个大字金光闪闪。

博物馆分4层。第一层展厅是云锦操作展厅。厅里有12台传统木质织机。织机学名叫斜身式大花楼提花织机，一字排开气势十足。机上展示的织物里不乏皇帝用的龙袍。据说这个机器工艺复杂，一天也就织个五六厘米，足见寸锦寸金的说法毫不夸张。

第二层的展厅是云锦精品展厅。厅里展示的一部分是明清以来有代表性的云锦精品实物，还有一部分则是云锦研究所复原的古代丝织品。2 000多件织物风格各异、品种不一，从中能清晰地看到中国织造的历史脉络。

第三层是中华织锦村，展示中国少数民族的各种织锦机具和实物，以及民族服饰、生活用品等。

第四层为云锦服饰及少数民族服饰展示大厅。

在云锦博物馆一路走下来，着实让人有眼花缭乱的感觉。各种各样的织物，从朴实的到华丽的，从古代的到当代的，从汉族的到少数民族的，不一而足。看过之后不得不感叹中华文明的博大精深，也窥见六朝古都南京风华绝代的一斑。

侵华日军南京大屠杀遇难同胞纪念馆

给逝者献上千纸鹤

夏天的烈日下，干净的茶亭东街路面上一长排人流蜿蜒前行着。打着伞的人们焦急地等待进入纪念馆。80 多年前这里发生了令人震惊的南京大屠杀！

尽管气温很高，但侵华日军南京大屠杀遇难同胞纪念馆前的队伍井然有序。排队之余，人们打量着眼前金字塔般的灰色建筑。建筑前一个巨大的妇女雕像“仰天而叹”。金字塔建筑前这样的雕塑还有很多，只不过它们小了许多，基本和真人同样比例，在灰色建筑下

浅浅的池水中一字排开。这些雕像表现的正是大屠杀时遇难者的形象，每一尊都很逼真，好像灾难就在眼前。

穿过灰黑色石块间的小道，在挣扎人群浮雕的背后是纪念馆的一个小广场。广场上铺满了小石块，只有两条青石板路供游人行走。两条道路在广场中交叉。高耸的旗杆立在广场中央，一面鲜红的五星红旗迎风飘扬。广场上的角落里还矗立着巨大的十字架，十字架上写着大屠杀的时间。十字架后黑色的大理石墙面上写着遇难者的人数，“300 000”这个数字刺痛着每一位来访者的心。黑墙的侧面有一堵灰色墙，墙上写满了遇难者的名字。黑墙的前面还有一尊公祭鼎和一口巨大的和平钟。它们都是黑色的，一片肃穆、庄严的气氛渲染了整个广场。

随着青石板路可以去往各个场馆。除了展示大屠杀的史料外，最让人揪心的就是“万人坑”的遗址和遇难者的遗骸。多少年过去了，高高低低的土坑还是原来的样子，一具具白骨嵌在黄土里，这比任何言语都更具说服力。看罢万人坑，人们纷纷在祭台上插上红旗，摆上千纸鹤，小小的祭台不一会儿就被摆满了。

当人们走出万人坑，宽阔的水池让视野豁然开朗，也打破了之前略有压抑的沉闷气氛。水池的尽头一尊汉白玉雕像高高矗立，那是纪念馆的和平雕像——圣洁的少女一手抱着孩子，一手托起和平鸽。人们抬头瞻仰，心中也许都种下了一颗和平的种子。

中国绿化博览园

世界风光一园中

位于河西滨江上的中国绿化博览园无疑是一颗耀眼的明珠。南京人一般简称它为绿博园。它是2005年首届中国绿化博览会的举办地，是中国颇有特色的绿化主题公园，是南京滨江风光带上最有趣的公园，甚至是长江沿岸最大的城市公园。

绿博园依偎着长达3千米的长江岸线，面积达1.6平方千米。绿博园里，绿色生态自然是主旋律。一踏进绿博园温室就像是走进了一片森林、一间超大花房，千姿百态的盆栽和自然风光融为一体。沙漠里巨大的罕见植被又让人恍如坠入热带沙漠的燥热中，而不一

会儿枝繁叶茂的椰子林等热带植物又将人们带到雨林。

温室外是更广阔的绿色空间。小孩子们奔向儿童乐园的沙地，攀岩、戏水、玩沙子，好不热闹。拍婚纱照的新娘披着白纱来到荷兰友谊园里，巨大的风车、起伏的草坪、湖边的小木屋——荷兰风光成了新人们美丽的背景。赏花的人们信步走向左岸的花海，那片花的海洋一眼望不到头，和滚滚长江连成一片。说到长江，这里也有绵延的亲水平台和栈道。走去那里，一边是树叶、青草，一边是宽阔的长江，迎面还有舒服的江风。

在南面的林子里还有绿博会的遗存。世界各地在林子里建起标志性建筑和风景，北京、姑苏、徽州等各地风情融于一园之中。亭台楼阁与绿树溪水构成美丽的画卷，可谓世界风光一园中。

滨江公园

三大现代建筑齐聚

滨江公园是绿博园和奥体中心之间的一片绿地。绿地呈正方形，两条大道呈十字形从绿地间穿过。每当金秋十月，大道旁的银杏林就被渲染成金黄色。游客们拿着相机漫步在金色大道上，把金黄色的秋景收藏在相机里。

除了金黄色的银杏，还有三座堪称南京当代建筑杰作的现代建筑，同样也让路过的游客兴奋地按下快门。

在两条大道的十字路口，一座好似天外来客的江苏大剧院成为滨江公园的中心，也是

人们的视觉焦点。江苏大剧院是江苏顶级的文化场所，号称中国最大的现代化大剧院、亚洲最大的剧院综合体。大剧院里有歌剧厅、音乐厅、戏剧厅、综艺厅等众多表演场所。整个建筑外形酷似四滴水滴落入人间。建筑表面一半呈银色金属状，一半使用玻璃，再加上“超现实”的造型，又好似不明飞行物降临地球。

面对大剧院往右手边看，一个绿油油的“大硬盘”落在水池边，那是著名的金陵图书馆新馆。金陵图书馆历史悠久，早在民国便已创立。滨江公园里的新馆在2010年开放使用，新馆建筑同样可观。建筑底下是微微隆起的草坡。图书馆主体周身都是绿色玻璃幕墙覆盖，形似一个放大了的移动硬盘，设计者称它为“玉石”。“玉石”并没有紧贴草坪，而是通过简洁的“支架系统”悬浮在草坪上。“玉石”前有一座半球体的玻璃建筑，微微泛红，像一颗“雨花石”嵌在草地上。草地正前方还有一汪碧水，两块“石头”都倒映在其中，风姿绰约。

就在金陵图书馆新馆边，还有一个奇特的身影。一个细长的玻璃幕墙建筑直冲天际，顶上有一个十字架。高楼边上是一座基督教教堂。教堂造型像一艘诺亚方舟停泊岸边，方舟中间有一条上尖下宽的裂缝，裂缝底下就是教堂的大门，上方的玻璃幕墙上有十字架高悬。这一系列精彩的设计让人见识到当代宗教场所的美妙。

三座当代建筑齐聚在滨江公园里，在银杏林里建起一条建筑设计大赏路线。移步其间，强烈的设计感扑面而来，大剧院的“宇宙感”，金陵图书馆新馆的“玉石绿”，圣训堂的“又见方舟”——一幅广阔的建筑画卷精彩呈现着。

奥体中心

南部的新中心

每个周末一批运动爱好者都会相约前往奥体中心做运动，这个拥有奇妙建筑的运动中心每天吸引着运动达人前来。奇妙的建筑、完备的设施、光芒下的绿地、各种各样的美食餐厅都是人们逗留此地的理由。

奥体中心首先引人注目的便是它各场馆的建筑。无论从哪个大门进入，必定有一条大路通向有两条“红绸带”飘荡着的主体育场。走上慢慢向上抬起的坡道，先到达的是环绕主体育场的环形平台。平台中间架起两座“虹桥”，支撑着庞大的体育场。“虹桥”鲜艳

的红色在远处就能看见，是奥体中心最明显的标志，设计者叫它“金陵红”。俯瞰体育场像是一个鸡蛋刚被剥开了壳，体育场虽然已经建成十几年了，但至今还是南京非常经典的地标性建筑。

在主体育场四周，就是环形的平台连接着的四个造型别致的体育场馆、科研场所。人们可以从平台上走入场馆，也可以环绕平台一圈欣赏这些建筑杰作。场馆四周被一片绿色包围。巨大的草坪、落叶缤纷的树林、波光粼粼的水池……这些元素的组合让奥体中心更像一座公园。开阔的东广场，体育场倒映在水中。往远处看能欣赏一片河西新城的城市景观，巨大的浮雕“体育之光”就在眼前。再走到西面，森林里的健身中心别开生面，既不用花钱，又环境优美。尤其是秋季，金黄色的叶子撒满草地。柔美的阳光一束束穿了进来，打在金黄色的叶子上，也打在挥汗锻炼的人身上。

平时会有一辆辆汽车钻进大平台的底下，因为有一圈时髦的餐饮店环绕着体育场。你把这里看作美食中心也不会错，在河西的聚餐大都会选择这里。

从奇妙的建筑到各种运动项目，再到世界各地的美食，奥体中心提供了一个城市娱乐的大平台。在这里，河西新城的人们不知度过了多少欢乐的时光。

雨花台

在烈士陵园里听一封家书

高大的纪念碑、古老的遗迹、美丽的雨花石是雨花台的三大标志，在城市南端的山林里，雨花台以独特的人文景观和自然风光的融合吸引着人们。

雨花台是中国新民主主义革命的纪念圣地，是革命烈士殉难处，在这里遇难的共产党人和革命群众达 10 万之多。中华人民共和国成立后，党和政府决定在此兴建雨花台烈士陵园。在景区的中轴线上，从南门到北门都是纪念新民主主义革命烈士的建筑物。所有建筑中，位于南门的纪念馆是最大的场馆。纪念馆左右对称，中间和两边顶部都有中式坡顶，

有着六朝的遗风。站在纪念馆敞开式的门庭眺望，纪念碑、倒映池、纪念桥等纪念建筑一览无余，近处还有忠魂亭以绿树为屏屹立于眼前。这些建筑大部分是深沉的浅黄色、灰色，外观稳重、庄严。其中最显眼的便是高高在上的纪念碑。纪念碑 40 多米高，是一个方柱体。碑前是一尊革命烈士的青铜塑像，还有一盏长明灯常年点亮，象征着革命薪火代代相传。纪念碑下是一个广场，广场上和平鸽自由地飞翔、散步。

纪念馆和纪念碑各占南北高点。两者之间是下沉式的广场，广场中间是倒映池。倒映池里既能看到纪念馆，也能看见纪念碑。在这片区域，陵园广播播放着烈士的书信。大部分都是家书，自然、朴实、有情感，但都透露着坚定的革命意志。在这个肃穆的空间里，飘来时光相隔的声音，让人有种时空错乱感，也让人更能感受到信仰的力量。

除了中轴线部分的烈士陵园，雨花台也是一个人文气很重的地方。东北角，雨花阁、第二泉、洗心池、甘露井等组成了名胜古迹区。穿梭绿林探寻古迹是十分痛快的，尤其是登上雨花阁能俯瞰雨花台。一边，高高的纪念碑在绿山里露出了半截；另一边，新造的大报恩寺塔矗立在城市楼宇之中。

当然雨花石也是雨花台另一个重点。早些年雨花台确实出产雨花石，但早已经采完。现在游人只能在中轴线东的雨花石博物馆和景区的商铺里找到它们的身影。西面还有一个雨花茶博物馆，在那里能了解雨花茶的奥妙。

东南部则是景区最强调自然的一部分。这里有湿地水景，也有生态密林，如果带孩子来可以去生态文明教育馆探索一番。

汪家馄饨（雨花台店）

南京人都知道的馄饨

要是你问南京人哪里的馄饨好吃，十有八九得到的答案都是汪家馄饨。汪家馄饨算得上南京真正的美食传奇。从30多年前的馄饨摊到有三家分店的连锁馄饨店，不知有多少南京人在汪家馄饨留下美好回忆。当年挑担子卖馄饨的年轻人已经是70多岁的老人了。如今馄饨传到了第二代，在雨花台门外的汪家馄饨还在延续小馄饨的大传奇。

雨花台北门对面，汪家馄饨招牌的蓝色可能是附近居民最熟悉的颜色，因为他们几乎都在这门外排过队。这家汪家馄饨是汪家第二代中老三掌管的。店面并不大，但人流绝不小。紧挨着门口是馄饨店的操作台。操作间里的大锅冒着热气，一二十只碗在台面排开。汪家老三就在这局促的操作间里下馄饨。锅开，一股蒸汽冒上来，老三熟练地左右挪腾，捞馄饨，下料，端出，一气呵成。客人就在操作台的小窗口自取馄饨。取了馄饨再一挪步到边上，自取所需的调料。

汪家馄饨与一般小馄饨比，个头更大、更饱满，一口咬下去全是肉和鲜美的肉汁。它的皮也是自制的，皮薄但不容易破，煮多了也不会粘锅，因此能在一口大锅里同时下二三十碗。另外汪家自制了一种汤料，十分鲜美，搭配上榨菜丁和小虾米堪称完美。

汪家馄饨除了堂吃，下午还出售外卖的馄饨半成品。半成品中包含了汤料，客人买回去，在家也能煮出香喷喷的汪家馄饨。

南京科技馆

湿地里探寻科技

在中国的大城市科技馆几乎是标配，同时湿地公园也不少，但把这两者结合起来的却不常见。南京科技馆就别出心裁地把馆建到湿地上，让这个科技馆有了独特的自然环境，也让湿地里多了强烈的科技感。

虽说是科技馆，但南京科技馆的大门却一点没有科技馆的感觉，看着像一个落寞的主题公园。但走进去以后，视野会一下开阔起来。科技馆的建筑在一片绿色中，一个大球伴

随着几个小球坐落在开阔的水泥地面上。出奇的造型确实有强烈的科技感。球体建筑边上有一圈水道包围着。建筑前广场开阔，数个倒立的圆锥体矗立在广场上，长方形的喷水池吐着水柱。

顺着下坡道可以走到最大的半球体建筑，那是科技馆的主体建筑。走进这个球体一样的大家伙里，到处都是钢梁结构。球体里空间很开阔，好似被掏空了，中间几乎没有多余的立柱。球体里从上到下共有四层空间，其中有一层实际上处于地下，每一层楼面上都有不同主题的展厅，从公共安全到天、地、人都有涉猎。科技馆的互动性是非常强的，在一个个奇妙的装置前面，小朋友们都玩得不亦乐乎，有些项目即便是大人也会觉得饶有兴趣。

最后一层是动漫体验馆，丰富全面的动漫展示内容在科技馆中独树一帜。尤其是日本动漫的玩偶多如牛毛，喜欢日本动漫的人前去参观就会明白老鼠跌到米缸里是什么感觉。

出了“大球”，可以去边上几个“小球”，那是科技馆的科技影院，IMAX 球幕、3D、4D、5D 4 个影院让人大开眼界，是小朋友最愿意“泡”的地方。

在领略科技之余，场馆外的绿色湿地可以让人们轻松享受绿意，湿地里的世界有着茶园般的惬意，一片树林里几只可爱的羊羔也能让小朋友兴奋一下午。

栖霞山
绣球公园

南京的美离不开山和水的配合。城内有秦淮河及莫愁、玄武两湖，城外有长江、钟山等。要是想领略金陵江山之美，城北从栖霞到幕府再到长江正好构成一幅壮丽的山水画卷。在这里滚滚长江东逝去，两岸青山览不尽，自然或人文皆是金陵的壮美。

栖霞寺
栖霞山
燕子矶公园
幕燕滨江风光带
宁洛高速
栖霞大道
仙新路
宁镇公路
长深高速
大桥公园（南京长江大桥）
阅江楼
静海寺
天妃宫
绣球公园
玄武大道
模范中路
内环东线
沪蓉高速
虎踞北路

金陵好江山

栖霞山被誉为“金陵第一明秀山”。它层林尽染的秋景留在了诸多风光图片中，它千古一寺的石窟、宝塔是南京最值得探访的古迹。枫叶和古寺曾经让多少帝王前来一探，让多少文人感动讴歌。

长江岸边不乏栖霞这样的古老景色。燕子矶作为长江第一矶不知迎来多少斜阳夕照，红色的长江崖壁上留下了碑、亭数座，也留下了文人的石刻。石矶下长江流淌，长江边宽阔、漂亮的观光带已然成为陪伴古迹的新景点。红色的步道蜿蜒而去，遛狗、跑步、骑行，每一种打开方式都充满着新时代的生活烙印。另一边幕府山早已摆脱采石留下的斑秃旧貌，一片青山连绵的样子雄壮地和长江对峙。山上留下了长江拍打出的岩洞，也留下了人们的宗教信仰。

幕府山西面的尽头，一座大桥同样雄伟地跨江而过，旧时代的标语揭示了大桥当年无可替代的地位。从公园里看，曾经鼓舞一代人的南京长江大桥依然雄壮。登上大桥看，长江、幕府山也同样壮美。

登高俯视长江的地方其实不只看到了长江，古色古香的阅江楼站立在城墙中间有着更丰富的景色。新建的古典楼宇在狮子山上展现着帝王气派，似乎是要弥补朱元璋 600 多年前的遗憾。近处风景中有静海寺、天妃宫，它们都是明朝大航海的见证，永乐的盛世可从中窥见一斑。再走远些，绣球公园又用恬静的田园美把旅途拉进自然主义中，小湖、小山、小园林里有着说不完的故事和传说。

栖霞寺　栖霞山

一山一寺红枫情

在南京城东北角，长江岸边的栖霞山是人们不容错过的风景。一座栖霞山就是半部金陵史，山下一座栖霞寺是半部南朝佛寺史。

要上栖霞山总要先去栖霞寺。郊区宽阔的大马路直直通向寺庙，远远地就能看见褐色的栖霞牌坊，这个大牌坊后就是栖霞寺的山门。这座南齐古寺已经在这里存在了1 500多年，当年“三论宗”的发源地、南朝佛教中心还是一片净土模样。

现在的栖霞寺占地2.6万多平方米。庙里的殿宇就着栖霞山山势而建，一进进逐渐抬高。刚入山门地势平坦，草坪、湖泊、莲池连成一片，四周松柏花草包围，远处背景是栖霞山

苍翠的山峦。此后一路上弥勒佛殿、毗卢宝殿、法堂、念佛堂、藏经楼、鉴真纪念堂、舍利石塔依次排开。佛庙建筑古朴典雅，甚至留有南朝神韵，和普通寺庙有着不同的气象。

刚入山门时，一侧的石碑值得留意。那是《明征君碑》，是初唐为纪念明僧绍而立，碑文为唐高宗李治撰文，唐代书法家高正臣所书，碑阴“栖霞”二字，传为李治亲笔所题。这个沧桑的石碑是庙里最珍贵的文物之一。

出了寺，便能一眼就看到寺外的舍利塔。土黄色的舍利塔用石栏围着，塔身留下一处又一处的残破，一看就知道饱经风霜。这是隋文帝时建的古塔，七级八面，当时用的是白石，今天已经泛黄，好在塔身上的菩萨、飞天等雕刻依然清晰可见，雕刻的形象和敦煌石窟的非常接近，可谓是隋唐江南艺术、技艺的见证。

再过了舍利塔，约一二十米的崖壁上还有造像。这是一组南朝时的石窟。石窟中有佛像 500 余尊，被称作千佛岩或千佛崖。石崖中还开凿了一座无量殿，也可以把它看作一个超大的佛龛。佛龛里造像精致、古朴，年代比云冈石窟还要早些，完全保留了南朝时佛教造像的神韵。游览石窟时，你还可以留心最后一尊“石工佛”。那是一尊手执铁锤与铁锥的石工雕像，估计它是当时开凿者的“自画像”。

千佛岩之后，沿着山路向上就是栖霞山。历史上曾有五王十四帝莅临栖霞山。山上古迹比比皆是，共计 80 余处。山峦间藏着桃花涧、红叶谷等风景秀丽、有山有水的好地方。尤其是秋季，枫叶血染青山中，碧波里又倒影涟涟，再加上古典建筑的映衬，是一派画中景的感觉。即便秋季门票翻番，作为中国四大赏枫胜地的栖霞山也绝对物超所值。

燕子矶公园

“死不得”的长江第一矶

若是像从前坐船过长江，船行至南京北沿岸时老远就能看到一块威严的石矶。若是恰逢太阳西下，暖暖的夕阳洒满石矶，便能看见石矶被染成了红色。这块石矶叫作燕子矶，号称“长江第一矶”。夕照下的石矶是金陵四十八景之一——燕矶夕照。

可惜现在长江客船逐渐少了，要游览燕子矶多半要从山下燕子矶公园大门进入。燕子矶三面临江，朝江面是光秃秃的，但背江的山上却树林密布。远远望去石矶就是一座绿色的小山包。

一进公园大门就有一条绿色包裹的石阶路通往山上。山路不陡峭，也不长，在绿荫里走走，分外轻松。不一会儿，半路上就有一个平台出现，平台上有两座仿古建筑矗立着，房子之间还有古朴的中式长廊相连。再往上，石阶边变色树种渐多，入秋后山上霜林尽染，一片秋色令人神往。秋色之后有一座黄色琉璃瓦顶的亭子。亭子有两层屋檐，檐下立着一块碑，碑上写着“燕子矶”三个苍劲有力的大字。这是乾隆皇帝下江南时题的御碑。他六下江南，五次登上了燕子矶。

乾隆皇帝喜欢登燕子矶十有八九是中意登顶观长江。登上矶顶，但见滚滚长江东逝去，西面大桥如虹跨江上，江面上的船也小了许多，悠悠地开着。山顶上还有当地特别的地貌可看。裸露的岩石圆润光滑，各有造型。许多岩石都以形取了名字，并刻在石头上。在一排岩石边有一块简单的石碑写着“死不得”，这是当年陶行知得知山头女学生跳崖自杀后有感而发留下的。

从山顶下来沿着面向长江的山路下行，此路风景更多。先是一座抗日遇难同胞纪念碑的碑亭躲在树林深处。接着山路上居然出现单孔拱桥，桥边还有四角亭相依偎，登上亭子又是一片江景。黄褐色的长江岩壁下湿地历历在目，许多建筑物淹没在浑浊的江水中。

下得山来，你再看朝江的崖壁上各种石刻遍布，有大字，也有密密麻麻的小楷。红褐色摩崖石刻和远处四角亭、小石桥构成一幅中式的江矶风光图，让人恋恋不舍地回望它。

幕燕滨江风光带

有山有江有风光

从燕子矶下来，江边的大游乐园里孩子们欢快地戏耍着。从这里开始长江边出现了一条宽阔的观光带，那就是幕燕滨江风光带。

幕燕的“幕”指的是幕府山，它就“匍匐”在风光带的内侧。而“燕”是指燕子矶，它就矗立在风光带首。风光带非常宽阔，其中设立了好几条步道，有专门用于骑车的，也有专用于步行的，不同功能步道之间还有绿化带相隔。步道、绿化带在江边绵延几千米。

站在起点望去，起起伏伏、弯弯曲曲的风光带望不到头。大人带着孩子来这里散步，年轻人三五成群地在江边骑行，还有遛狗的人带着大狗来这里游泳。

风光带每隔一段会放一组雕塑或浮雕作品，有乾隆皇帝寻亲、朱元璋和马皇后的传说，还有王羲之和《兰亭序》。风光带外侧是滚滚长江。现在长江还是一条繁忙的运输航道，水面上大小货轮你来我往。江对面是八卦洲，建筑物比较少，生态保持良好。

再回过头看是绵延的幕府山。幕府山有好几个入口可以登山。风光带附近比较容易进入的是长江观音景区。幕府山原先是紧贴长江的，山上有好多江水拍打而成的岩洞。观音景区就有头台洞、二台洞、三台洞，还有一个观音阁。在风光带仔细眺望都能看到山上掩映在树木中的古代木建筑。如果上山则能亲临台洞和楼阁，还能眺望长江和风光带。幕府山下还有一片大草坪，可以放风筝、野餐。

幕燕滨江风光带终点是五马渡口。在那里你会看到“五马渡江，一马化龙”的大型雕塑作品。这个雕塑讲的是西晋末皇族司马氏五位王爷（琅琊王司马睿、西阳王司马羕、南顿王司马宗、汝南王司马佑、彭城王司马纮）避战乱南渡长江，最后琅琊王司马睿于建邺（今南京）建立东晋王朝的事。正式的风光带就到这个雕塑为止。不过往后的公路上有一条岔道可以重回江滨。那里是老的货运码头，现在已经改造了一大半，塑胶的跑道都铺到了码头边。老码头也保留了一个，5 台大型吊装设备像 5 个机器长颈鹿一样一字排开。这里人烟稀少，偶尔才有几个遛狗和跑步的人路过，在这里可以静静地看长江和高大的吊车，想象着它们之间曾经热火朝天地“互动”。

大桥公园（南京长江大桥）

一代中国人的骄傲

伴随着太阳西下，长江边下关的人们信步走进大桥公园。这个江边的小公园绿草幽幽，步道悠长，是当地人闲坐、散步、锻炼身体的好去处。然而只要抬头一望，便会看见一个庞大的身影横亘在天空中。那是中国人骄傲了几十年的雄伟建筑——南京长江大桥。公园就因为坐落在桥下而得名。

沿着大门的道路径直往里走便能看到大桥的桥塔。扎实的桥墩一根根地拔地而起。“人民，只有人民，才是创造世界历史的动力”“全国各族人民大团结万岁”……红色的巨大标语贴在桥墩上，反映着那个时代的特征。夕阳里，桥墩顶部挺立着巨大的革命雕像，是一幅振奋人心的画面。雕像对面是红旗雕塑，石头的红旗动感十足，就好像真被风吹得猎猎作响。桥的雕塑和标语一下让人回到了“激情燃烧的年代”。不过桥下的人们都很悠闲，他们三三两两地坐在桥下，巨大的桥体为他们带来阴凉地，他们只是来纳凉、休息的。

桥底下有电梯直通桥上。人们上南京长江大桥就从这里进入。站在桥面，雕塑离得更近了，气势也更逼人。宽阔的公路桥向长江对岸伸去，一辆辆汽车奔驰而过。公路下还有绿皮车轰隆隆地驶过。桥栏杆上嵌着 200 多块铸铁浮雕，浮雕反映着 20 世纪五六十年代的风貌和审美情趣，颇令人玩味。栏杆顶上还有“一束束”白玉兰路灯，造型优雅。“白玉兰”到了夜晚就把整座桥点亮，是南京著名的夜景。这座桥是 20 世纪五六十年代中国经济建设的里程碑式建筑，曾经鼓舞了无数人。即便今天看来，这座公铁两用桥依然有着雄浑的身姿和独特的时代魅力。

阅江楼

迟到600年的楼阁

在南京的西北角，往长江方向望去总是能看到一个矗立在山巅的“古建筑”，那就是阅江楼。

阅江楼所在的山是狮子山。狮子山面江的山体由城墙包裹住，城墙外有宽阔的护城河守护，河边城墙下是一片绿地公园。要登阅江楼，先要绕着城墙转转。城墙高大威武，有的地方平直，有的地方呈圆弧状凸起，好似欧式的城堡。城墙上有许多排水的石槽凸出，

所以这段城墙应该比较古老。城墙底下的公园建起了几个复古的亭台、水榭，还有一座复杂的石拱桥跨在护城河上。附近居民常在公园的复古建筑里纳凉、娱乐。

沿着城墙绕到狮子山东南侧，方才是狮子山的入口。入口处复古的建筑更多，也更漂亮。照壁、石狮、古宅一字排开。最后是上山的石阶，沿石阶可以登顶狮子山。

最初的石阶有一尊牵着战马的朱元璋雕像。此后的路逐级抬高，最初一段还能看到杂草丛生的城墙顶，也能走上一段城墙，体验古城墙的沧桑。上山可步行也可坐观光电梯。一路上若是走得仔细还能看到古炮台、玩咸亭、五军地道和孙中山观讲亭等几个古迹。

山上其实是一片宽广的平台。平台上尽是奢华的复古建筑，尽显皇家气派。平台最东处存放着《阅江楼记》碑，其后还有长长的碑廊通向靠西侧的阅江楼。《阅江楼记》碑非常大，因此为它专门建造了宽广的碑亭。碑上一面是朱元璋的《阅江楼记》，一面是他的臣子宋濂所写的《阅江楼记》。这就道出阅江楼一段离奇的历史。阅江楼在复建之前600年间难觅踪影，却有皇帝和臣子们写的记。据说当时朱元璋打算在见证他打败陈友谅功勋的狮子山上建楼，而且当时下令大臣为此作记。但后来因为种种原因阅江楼没有建起来，所以徒有几篇文章留于后世。

直到600年后的2001年才真正建起阅江楼。这座迟到600年的阅江楼就在石碑之后的石阶之上。走罢最后一层石阶，雄伟的阅江楼就跃然眼前。那是一个“L”形的奇妙古建筑。虽然是钢混结构，却一点也不阻碍它向古建筑致敬。阅江楼有着一层又一层的斗拱，密密麻麻地交织在屋檐下，甚至在最底层也别出心裁地安置了斗拱结构。这种纯装饰性的设计让整个建筑具有一种象征意义。色彩也是阅江楼的特色，斗拱上下满是彩绘，靛蓝和绿色搭配出的图案富丽堂皇，红色木墙上还有金色花纹装饰，这些复杂纹饰和颜色不由得

让人想起帝王殿宇般的高贵奢华。外观上奇妙的檐角布局也令人印象深刻，尤其是主楼大檐角间又飞出小檐角，层层叠叠，错落而出，真有点群燕展翅的感觉。

远观之后走进阅江楼。内部陈设延续了外观的富丽堂皇，大气、宏伟。一进去就见金壁、龙椅、黑匾，帝王之气呼之欲出。二楼挂起一幅幅明朝帝王像，明朝的科技、文化、艺术也在同一空间被展示。三楼通天的巨型瓷画最令人叹为观止，郑和七下西洋的故事皆在画中。

既然登上阅江楼，总得阅江一番。走出木门，狮子山玉带状步道之外是城市画卷。滚滚长江流过长江大桥，悠悠秦淮河在电视塔下带来一片绿色，刚刚漫步的城墙变成了“模型”，阅江景色令人心旷神怡。更重要的是朱元璋都无缘见到，因为它迟到了600年。

静海寺

郑和下西洋和《南京条约》

在高高的阅江楼下有一座安静的古庙，当人们登高眺望长江时常常忽略了这座庙宇的存在。而对于中国历史来说它却是无法忽略的存在，从明朝辉煌的郑和下西洋到屈辱的《南京条约》，中国古代到近代的两个重大历史节点居然都和它有很大关系！

静海寺依偎在狮子山下。一片绿色山景中的一抹黄色便是静海寺。寺前竖着大牌坊，上面写着“静海沧桑”。东面有一方平地，叫作郑和航海广场。广场上有古戏台，还立着

林则徐像。这个寺庙，一说是明成祖朱棣在郑和第三次下西洋后下令建造的，一来标榜“海外平服”，二来供奉远洋带回的舶来品；另一说是明仁宗命当时已做南京守备的郑和建造的，也是为了纪念朱棣“命使航海”的丰功伟绩。不管哪一种说法都和郑和下西洋有着密切关系。

因为是皇家敕建，静海寺的规模曾经是空前的，号称“金陵律寺之冠”。但几经战乱后，到抗日战争结束静海寺仅存断垣残壁和几间破僧房而已。现在看到的寺庙是 20 世纪 80 年代仿明朝风格重建的。中轴线上复建了郑和纪念堂、潮音阁等建筑，建筑里展示的是郑和下西洋的历史。寺庙里保存的最重要的遗迹是天妃宫碑。在刚进入山门后左手边厢房的地面上就有一个围起的石基，那是天妃宫碑的地基，而碑则藏在后院的玻璃罩里。这个石碑是皇帝亲自撰写的，而且是目前最大的关于郑和下西洋的石刻，它作为这座古庙唯一幸存的文物有着非常高的文化价值。

在新建筑中，钟楼中的警世钟则掀开静海寺另一面的历史记忆。这座仿古铜钟为纪念香港回归而造，因为此地正是清政府被迫签订《南京条约》的地方。这个条约掀开了屈辱的中国近代史，也是香港脱离祖国怀抱的开始。在寺庙的西北方有一片园林，被专门开辟为《南京条约》展览区，当年商议条约的议事厅就在园中。

这个小花园安静、秀丽。有趣的是郑和下西洋的天妃宫碑、宋人抗金的三宿岩也在这里。从宋到明再到晚清，几个历史时代层叠在一个园子里，似乎是对牌坊上“静海沧桑”最好的诠释。

天妃宫

郑和下西洋带回的信仰

在静海寺的东面有一条漂亮的被修剪成波浪状的绿化带，绿化带后面有一排同样波浪形的白色围墙，围墙和绿化带之间有古朴的小拱桥相连。波浪形围墙里一重重黑瓦坡顶交叠着，瓦顶背后是狮子山和高处的阅江楼。

这一排瓦顶便是天妃宫的所在。它紧挨着静海寺，和静海寺有着千丝万缕的联系。天妃宫的出现同样是在明朝。郑和第一次下西洋回朝后，明成祖朱棣为感谢天妃娘娘保佑而建起这座庙宇。实际上天妃娘娘并不是南京本地的信仰，所谓天妃娘娘即妈祖，是福建一

带的信仰。郑和下西洋正是从福建出发，这一信仰也由他从福建带回。所以这座天妃宫可能是中国最北面的妈祖庙了。

作为郑和下西洋重要的见证，天妃宫是中国海上丝绸之路的遗产点之一。但现在的天妃宫的大部分建筑是 21 世纪重建的，崭新的天妃宫遵照了明朝官式建筑的形制和风格。天妃宫规模比静海寺要小得多，比较特别之处在于有东西两条轴线。西轴上供奉天妃、玉皇大帝，东轴上供奉观音。朱棣写的御碑也被恢复，郑重其事地矗立在碑亭下。事实上这个高大的石碑是仿制品，真的在 1997 年移到了静海寺，移动过程还把石碑的石榫给弄坏了。另一个有趣的地方是天妃所在的大殿，挂着“正殿”匾额。在中国传统庙宇中很少这么直白。

天妃宫虽小，但风景着实不错。尤其是背靠狮子山和阅江楼，给它增添了雄浑的背景。庙里的许多小细节和故事着实有趣。作为静海寺的重要补充，还是值得亲临其境感受一下它的风采的。

绣球公园

这里有马娘娘的传说

挹江门北，狮子山南，有一个有山有水的小公园。这里安静而有趣，没有喧闹的人群，却有曼妙水景和马娘娘的故事。它就是绣球公园。

绣球公园因为公园里的绣球山而得名。它和狮子山一南一北，正好形成“狮子戏绣球”的有趣态势。绣球山在公园的北面，并不高，很轻松就能爬上去。山上有一个双层屋檐的

六角亭。六角亭西北侧的山体上还有一个“大脚印”。其实脚印是山体自然形成的地质样貌，但民间却传说那是“马大脚”马娘娘的脚印。脚印长度近一米，深度超过 20 厘米，完全能装进一个小孩。传说这个大脚印是马皇后在山上督战着急时跺脚跺出来的。边上另一个石坑则传说是马皇后开凿的“天下第一军灶”。山上另一些岩石也同样被附会了各种有关明朝的传说。

绣球山下是平静的东湖，东湖是公园的中心，西面还有一个小池塘叫观鱼池。观鱼池与东湖之间一堤相隔。绣球公园虽小，水域面积却很大。这里水景优美，柳叶在湖边飘荡，垂柳下一桌桌的游人聚着打牌。池岸上假山、石矶林立，湖中游船穿梭。最出彩的是水面上的桥，大的、小的，长的、短的，单孔的、九曲的，各有风姿，它们常依着一丛丛水生植物。古色古香的拱桥、曲台、长廊和一片绿色树影一起倒映在水中，好一幅风光画。朝着北面望去，还能借到阅江楼的景，可谓园小景大。

绣球公园山水交错间风光旖旎，岩石突兀间是百年传说，小公园却有大景致、大话题。

本图书由北京出版集团有限责任公司依据与京版梅尔杜蒙（北京）文化传媒有限公司协议授权出版。

This book is published by Beijing Publishing Group Co. Ltd. (BPG) under the arrangement with BPG MAIRDUMONT Media Ltd. (BPG MD).

京版梅尔杜蒙（北京）文化传媒有限公司是由中方出版单位北京出版集团有限责任公司与德方出版单位梅尔杜蒙国际控股有限公司共同设立的中外合资公司。公司致力于成为最好的旅游内容提供者，在中国市场开展了图书出版、数字信息服务和线下服务三大业务。

BPG MD is a joint venture established by Chinese publisher BPG and German publisher MAIRDUMONT GmbH & Co. KG. The company aims to be the best travel content provider in China and creates book publications, digital information and offline services for the Chinese market.

北京出版集团有限责任公司是北京市属最大的综合性出版机构，前身为 1948 年成立的北平大众书店。经过数十年的发展，北京出版集团现已发展成为拥有多家专业出版社、杂志社和十余家子公司的大型国有文化企业。

Beijing Publishing Group Co. Ltd. is the largest municipal publishing house in Beijing, established in 1948, formerly known as Beijing Public Bookstore. After decades of development, BPG now owns a number of book and magazine publishing houses and holds more than 10 subsidiaries of state-owned cultural enterprises.

德国梅尔杜蒙国际控股有限公司成立于 1948 年，致力于旅游信息服务业。这一家族式出版企业始终坚持关注新世界及文化的发现和探索。作为欧洲旅游信息服务的市场领导者，梅尔杜蒙公司提供丰富的旅游指南、地图、旅游门户网站、App 应用程序以及其他相关旅游服务；拥有 Marco Polo、DUMONT、 Baedeker 等诸多市场领先的旅游信息品牌。

MAIRDUMONT GmbH & Co. KG was founded in 1948 in Germany with the passion for travelling. Discovering the world and exploring new countries and cultures has since been the focus of the still family owned publishing group. As the market leader in Europe for travel information it offers a large portfolio of travel guides, maps, travel and mobility portals, Apps as well as other touristic services. Its market leading travel information brands include Marco Polo, DUMONT, and Baedeker.